musik live

Musikstile aktiv

Petra Hügel

Herausgegeben von
Friedrich Neumann

1. Auflage 5 4 3 2 1 /2012 11 10

Alle Drucke dieser Auflage sind unverändert und können im Unterricht nebeneinander benutzt werden. Die letzte Zahl bezeichnet das Jahr des Drucks.

Internetadresse: www.schott-music.com

Herstellung: Studio Neumann, Glienicke/Nordbahn (Berlin) 2010.

Redaktion & Layout: Friedrich Neumann, Karin Westphal
Notensatz: Christoph Meyer-Janson
Illustrationen Farbseite: Karin Westphal
Umschlaggestaltung: einzigwahres / Anika Marquardsen

CD-Produktion: Studio Neumann
Christoph Meyer-Janson (Keyb., Progr.), Friedrich Neumann (Git., Bass)

Bildnachweise: Photo Schlenker, Göppingen (Umschlag), Alno / Wikipedia (S. 13, 15), Carl Van Vechten (Library of Congress, Prints and Photographs Division, Van Vechten Collection, reproduction number LC-USZ62-94218 DLC) (S. 17), Joa & Angelo Belotto Filho (S. 34), Ueli Frey / Wikipedia (S. 52), Roland Godefroy / Wikipedia (S. 22), Petra Hügel (S. 4, 6, 7, 39, 52, 58, 72), Victor Iglesias (S. 40), Joe Kucharski (S. 18), Afonso Lima (S. 14), Renato Machado (S. 50), Buda Fabio Mori / Wikipedia (S. 46), Herald Mosley (S. 24), Friedrich Neumann (S. 12), Oziris / Wikipedia (S. 16), Jean Scheijen (S. 24), Schnékert / Wikipedia (S. 29), Ute Singer (S. 8), Studio Neumann (S. 10, 12, 17, 18, 19, 23, 28, 29, 30, 31, 36, 50, 51, 56, 59), tbc / Apple Corps Ltd. / EMI Music (S. 35, 37), The Rolling Stones / Emi Music (S. 37), unbekannt (S. 28, 30, 62),

der afrikanischen Musik bis zum Hip-Hop

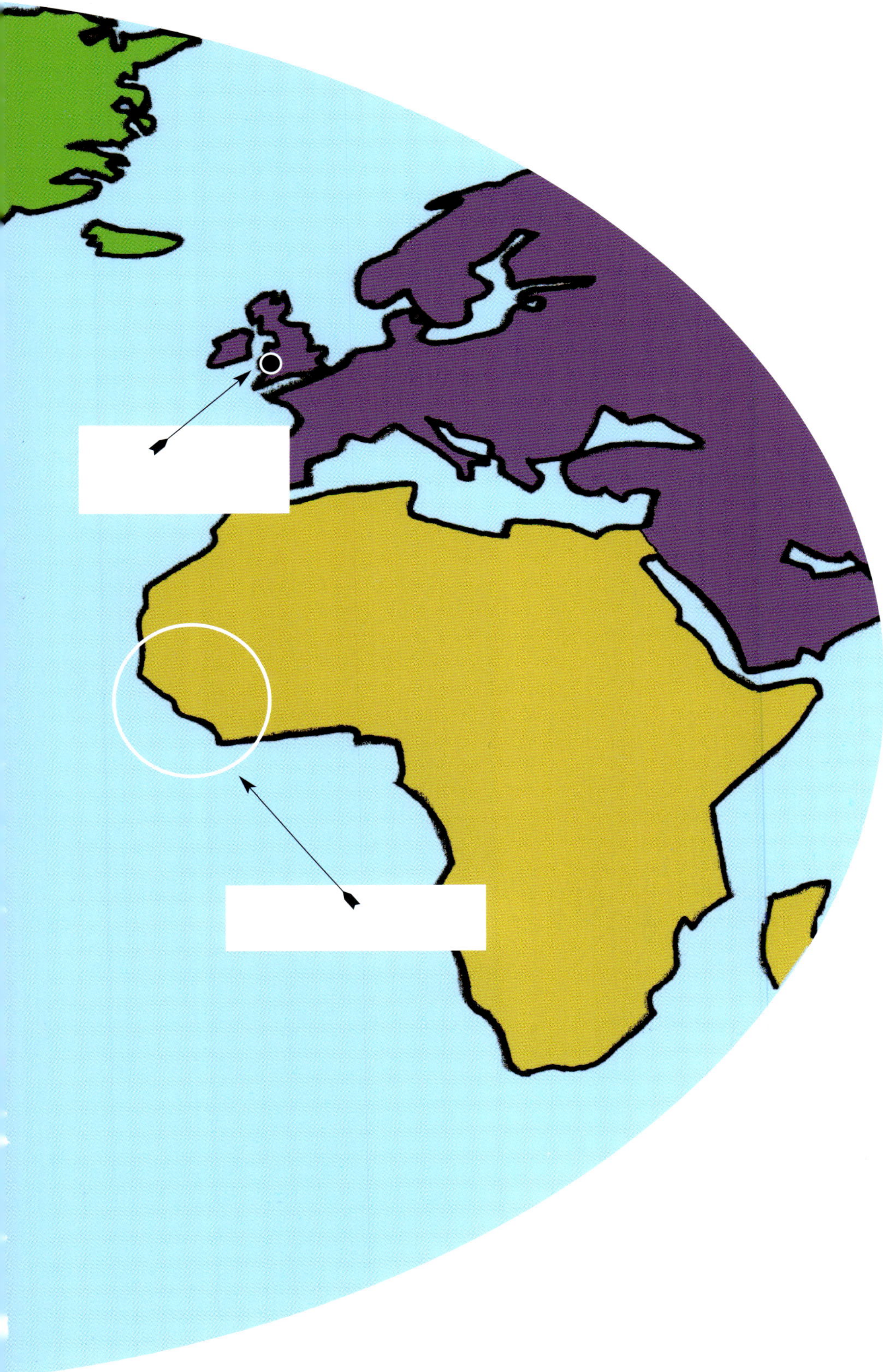

Die Puzzle-Stücke zum Ausschneiden

Afrikanische Musik: Westafrika

Samba: Karneval in Rio (Brasilien)

Calypso: Karibikinseln, Trinidad und Tobago

Blues: New Orleans (USA)

Rock 'n' Roll: Aufnahme von „Rock Around The Clock" in New York

Beat: Rund um Liverpool (England)

Soul und Disco: Wegbereiter James Brown aus Baltimore (USA)

Pop: Michael Jacksons „Neverland Ranch" im Santa Ynez Valley (USA)

Reggae: Jamaika

Hip-Hop: New York (USA)

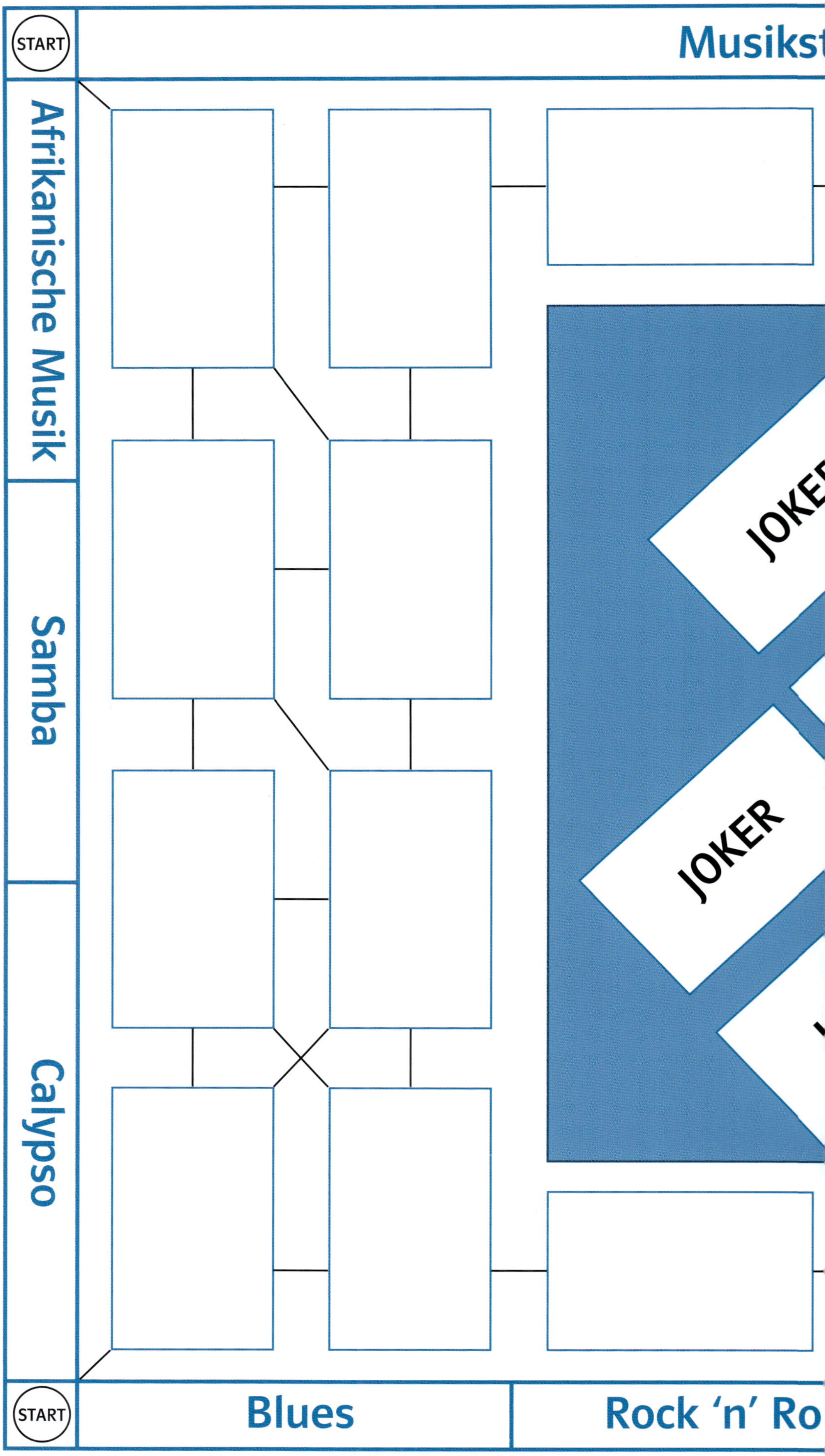
START
Musikst
Afrikanische Musik
Samba
Calypso
JOKER
JOKER
START
Blues
Rock 'n' Ro

Sammelposter Musikstile aktiv – Von

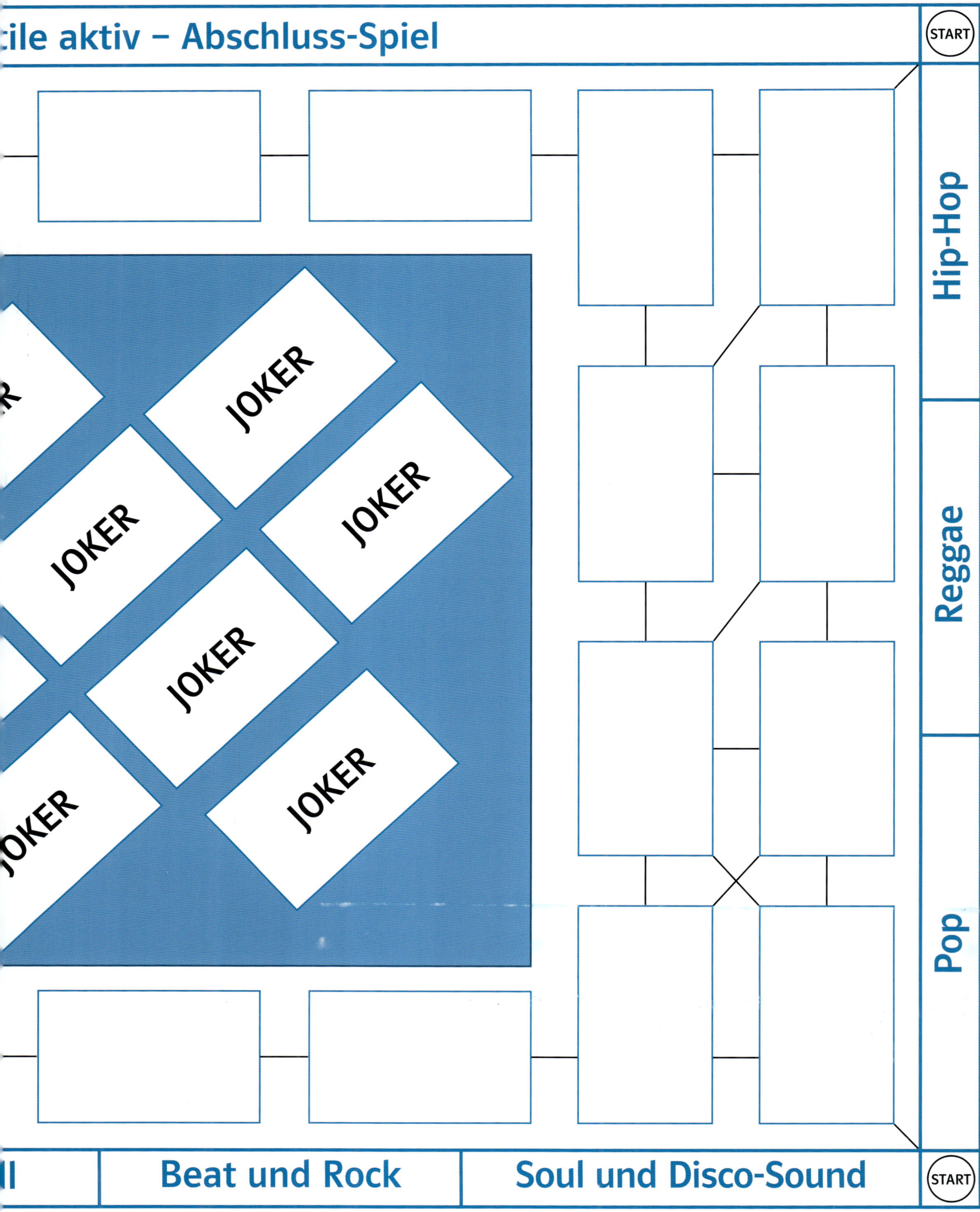

ile aktiv – Abschluss-Spiel
START
Hip-Hop
Reggae
Pop
START
Soul und Disco-Sound
Beat und Rock
JOKER
JOKER
JOKER
JOKER
JOKER
JOKER

Inhaltsübersicht

Hip-Hop, Reggae und Co.

Musikstile aktiv kennen lernen

Musikstile aktiv bietet eine spannende Expedition von afrikanischer Musik über Blues, Rock 'n' Roll, Rock und Soul bis hin zu den aktuellen Musikstilen Pop, Reggae und Hip-Hop. Im Vordergrund steht dabei das aktive Musizieren.

Kopiervorlagen geben die wichtigsten Informationen wieder und ermöglichen durch abwechslungsreiche Aufgaben einen aktiven Zugang zum jeweiligen Stil. Abgerundet werden die Kapitel durch Hörbeispiele, Warmups und leicht umsetzbare Arrangements bekannter Hits der jeweiligen Stilrichtung.

Die Lehrerseiten am Anfang jedes Kapitels vermitteln weiterführende Infos, methodische Anmerkungen, Vertiefungsvorschläge und vielseitig übertragbare Begleitpatterns.

Zusätzliche Warmup-Songs (im Anhang) bieten die Möglichkeit, charakteristische Rhythmen und eventuelle Schwierigkeiten vorzuentlasten. Alle Kopiervorlagen und Arrangements können ohne zusätzliche Materialien sofort umgesetzt werden.

Mit dem Sammelposter behält man den Überblick, welche Stile schon erforscht wurden. Für jeden behandelten Musikstil wird ein Puzzleteilchen an der entsprechenden Stelle der Weltkugel eingefügt. Beim Abschluss-Spiel können alle ihr Wissen über die einzelnen Stile unter Beweis stellen.

In diesem Sinne viel Erfolg bei der „Eroberung" der Musikstile.

Petra Hügel

Grundsätzliche Informationen zu den Stücken

Die Melodiestimmen werden gesungen oder mit beliebigen Instrumenten besetzt. Damit sich das Stück besser im Gedächtnis verankert, empfiehlt es sich, beim Einstudieren zunächst zu singen. Darüber hinaus bietet der Liedtext eine Orientierung für die Begleitstimmen. Alle, die kein Instrument spielen, sind durch das Mitsingen trotzdem in die Musikerarbeitung eingebunden.
Da in einigen Fällen Töne der Begleitstimmen (Metallofon/Xylofon/Boomwhackers®) über der Melodiestimme liegen, sollte sich die Melodie entweder durch Lautstärke, Klang (z. B. Flöte, Keyboard, Gesang) oder Tonhöhe (z. B. höhere Instrumente wie Sopran- oder Alt-Glockenspiele) unterscheiden.
Bei Stücken mit Tönen unterhalb von c' wurden in der Regel Alternativtöne (in Klammern) angegeben, um eine Spielbarkeit mit dem Standard-Instrumentarium zu gewährleisten. Empfehlenswert ist es in diesem Fall, die Originalmelodie mitsingen bzw. mit einem geeigneten Instrument mitspielen zu lassen. Alle Stimmen lassen sich nahezu beliebig mehrfach besetzen.

Rhythmische Sicherheit kann durch Sprechsilben und Rhythmuswörter gefördert werden (z. B. für die Ganzen-, Halben-, Viertel- und Achtelnoten die Rhythmuswörter: „Gan-ze No-te"; „Hal-be", „breit", „schnell-schnell"). Instrumente, die sehr kurz klingen, wurden zur besseren Lesbarkeit in längeren Notenwerten notiert. Längere Töne lassen sich bei solchen Instrumenten auch durch ein Tremolo erreichen – bei Boomwhackers® (im folgenden BW) z. B. durch ein Hin- und Herschwingen zwischen Hand und Schenkel.
Schwierigere Rhythmen sollten unter Verwendung von Hilfswörtern vorgesungen und nach Gehör einstudiert werden (siehe z. B. Calypso-Pattern S. 21).

Gitarre und Kapodaster: Stücke mit wenigen Vorzeichen sind zwar ideal für Klasseninstrumente aber selten gitarrentauglich. Bei einigen Arrangements wurden daher zusätzlich in Klammern Kapodaster-Akkorde (Kapodaster auf den 3. Bund setzen) ausgewiesen, durch die sich wesentlich leichtere Griffe ergeben.
Methodisch empfehlenswert ist die Verwendung von zwei Gitarren, eine davon mit, die andere ohne Kapodaster. Die Gitarrenspieler wechseln sich ab und spielen den jeweils leichteren Griff (oder beide). Pfeilsymbole in der Gitarrenstimme kennzeichnen die Art des Anschlags: Pfeil runter = Abschlag, Pfeil rauf = Aufschlag. Wechselt ein Akkord in der Mitte eines Takts, so wird die erste Hälfte des Schlagmusters zweimal hintereinander mit wechselndem Akkord gespielt.

Markierungen mit Textmarkern sind eine wichtige Hilfe, um beim Spielen nicht in der Zeile zu verrutschen. Deshalb sollten alle Schüler in ihrer Partitur ihre Stimme sowie ihre Einsätze markieren. Bei mehrstimmigen Passagen ist es hilfreich, die Notennamen hinein zu schreiben. Bei Aufteilung einer Akkordstimme auf mehrere Spieler markiert sich jeder Schüler seine Noten. Die jeweilige Dreiergruppe kann während der Einstudierung selbstständig üben, wobei starke und schwache Spieler gemischt werden sollten.

Wer wenig Musiziererfahrung besitzt, ist am besten bei den Akkordstimmen der Metallofone oder beim Gesangspart aufgehoben. Anstelle von Metallofonen können oft auch Xylofone oder BW verwendet werden. Das hierfür geeignete Instrument ist im Arrangement angegeben.
Metallofone und Xylofone werden in der Regel so eingesetzt, dass jeder nur eine der drei Akkordstimmen übernimmt (Ober-, Mittel- oder Unterstimme). Da die verbleibenden Parts allein nur wenige Töne enthalten, sind sie auch für Schüler mit wenig Erfahrung geeignet. Zur Vereinfachung können die Töne auf dem Instrument mit farbigen Klebepunkten markiert werden.

Bei Boomwhackers® (BW) übernimmt jeder Spieler nur einen Ton, den er sich in seiner Stimme mit der Farbe seines Tons markieren sollte. Die benötigten Töne sind im jeweiligen Arrangement angegeben. Durch zusätzliche Octavator-Caps (aufsetzbare Kappen, die den Ton eine Oktave tiefer erklingen lassen) kann ein vollerer Klang erreicht werden.

Die Bassstimme kann vereinfacht werden, indem nur die Grundtöne der Akkorde (also die Akkordbuchstaben) gespielt werden. Auch die Basstöne können durch BW mit Octavator-Caps besetzt werden.

Als Spielhilfe können Noten auf Overhead-Folie kopiert und an die Wand projiziert werden. Auf die Noten-Folie können wiederum mehrere Folien gelegt werden, welche nur die Notennamen der einzelnen Stimmen enthalten. So kann man die Notennamen der anderen Stimmen nach Belieben entfernen.

Schlagzeugstimmen lassen sich grundsätzlich auf drei Arten verwirklichen: 1) am Drumset, 2) mit Body-Percussion oder 3) mit Small-Percussion. Am Drumset ist es oft sinnvoll, mehrere Spieler einzusetzen (einer für Bassdrum und Snare, ein bis zwei für Hihat und Hihat-Pedal).

Einführung

Auf der CD befinden sich Hörbeispiele zu allen Kapiteln. Zu jedem Arrangement existiert eine Vollversion und ein Playback. Bei der Vollversion können die Schüler ihren eigenen Part hören und haben so während der Übephase eine gute Orientierung.

Übertragbare Patterns zu jedem Kapitel ermöglichen es, andere Stücke im entsprechenden Stil zu musizieren. Dazu muss das Pattern lediglich an die Akkorde des neuen Songs angepasst werden. Mit den Warmup-Songs können die Patterns spielerisch erarbeitet werden. Die Rhythmusstimmen und das Gitarrenschlagmuster werden aus den übertragbaren Patterns übernommen.

Bei Bongos, Congas und den meisten anderen Trommeln werden die Hände beim Spielen abgewechselt. Man unterscheidet den dumpferen Bass-Schlag in der Mitte („Bass") und den helleren Schlag am Rand der Trommel („Open"). Mit der nebenstehenden Silbennotation kann man zunächst nur den Rhythmus einstudieren (z. B. auf der Tischkante) und anschließend aufs Instrument übertragen. Dazu schlagen die Schüler bei allen Silben mit „o" auf die Mitte der Tischplatte. Bei Pausen wird der Laut „m" gesprochen. Wer die Silben nicht verwenden möchte, kann sie mit einem Korrekturstift entfernen.

Notation	Drumset	Body-Percussion	Small-Percussion
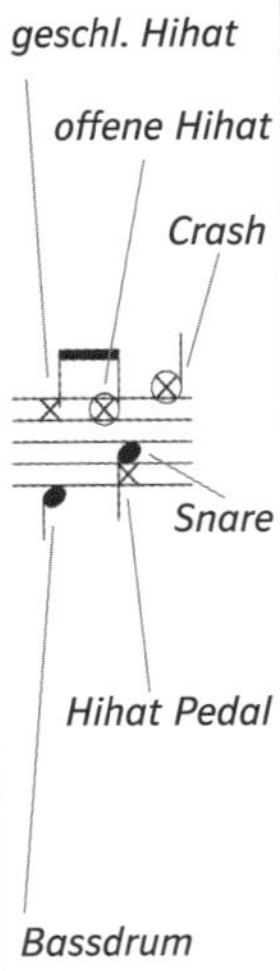	Becken oder Hihat mit Stick gespielt	„t - t" bzw. „ts - ts"	Cymbeln, Schellenkranz, Klanghölzer, Schüttelrohr oder Maracas
	Snare	klatschen, schnipsen	Schellenring
	Hihat mit Pedal gespielt	„chck" (wie bei „chicken")	Cymbeln, Cabasa, Guiro
	Bassdrum	stampfen	Alle Arten von Trommeln (möglichst tief und voluminös)

Schläge in die Mitte der Trommel:	dom	do - do	do - e - do - e
Beispiel mit Pausen: dom (m) do (m) do - do			
Schläge an den Rand der Trommel:	dim	di - di	di - e - di - e
Beispiel mit Pausen: dim (m) di (m) di - di			

Alternative Instrumente: Vor allem im Bereich der südamerikanischen und karibischen Musik kommen Instrumente vor, die nicht zum üblichen Schulinstrumentarium gehören bzw. meist nicht in ausreichender Anzahl vorhanden sind. Der Umgang mit Alltagsgegenständen und die eigene Suche nach Alternativinstrumenten fördern auch die Klangvorstellung und Motivation der Schüler. Hier einige Alternativen für die verwendeten Instrumente:

Originalinstrument	Alternativen
Cabasa	– den Laut „s" verwenden – zwei zerknüllte Alufolien aneinander reiben
Cowbell	– Besteck oder kleine Dosen gegeneinander schlagen
Agogo	– auf kleinen und mittelgroßen Dosen mit einem Stick spielen
Normale Trommeln, Congas, Bongos	– auf großen Dosen mit weichen Schlägeln spielen
Tiefe Trommeln	– stampfen – auf großen Plastikschüsseln, Eimern oder Pappschachteln mit einem Mallet (d. h. Schlägel, dessen Spitze mit Wolle, Filz oder Stoff überzogen ist) spielen – mit der Hand in ein Kissen schlagen
Schellenring	– mehrere Kronkorken in einem Gefäß schütteln
Schüttelrohr, Maracas, Ganzá	– Verpackungen in Röhrenform (z. B. Stapelchips oder Instantkaffeepulver) mit Reis oder Steinchen füllen und schütteln
Apito	– mit dem Mund pfeifen – zwei verschiedene (Triller)pfeifen verwenden
Reco-Reco, Guiro	– einen Metall- bzw. Holzstab (z. B. Stricknadel, Besteckgriff oder Kochlöffel) auf den Rillen einer Dose oder einer engen Spiralfeder entlang bewegen
Claves	– Holzklötzchen gegeneinander schlagen
Steeldrums	– Plättchen von Glockenspielen und Metallofonen mit der Hand abdecken
Holzblasinstrumente	– Kazoos verwenden – in mit Butterbrotpapier bezogene Kämme hineinsingen

Die verschiedenen Kapitel von *Musikstile aktiv* sind analog zur Entwicklung der Musikstile aufgebaut. Die folgende Darstellung vermittelt einen Überblick über den Zusammenhang der im Heft vorgestellten Stile.

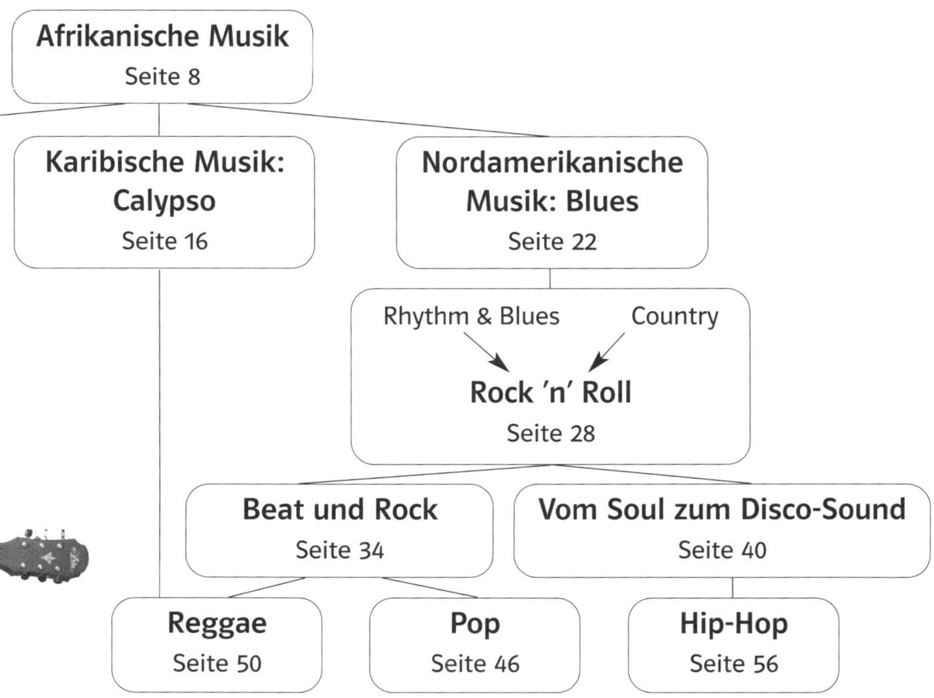

Afrikanische Musik

Fest in einem Dorf in Gambia (Westafrika)

Die Melodien traditioneller afrikanischer Musik bestehen häufig aus kurzen Motiven mit vorwiegend kleinen Intervallen und absteigenden Tonlinien. Die Verfasser sind oft unbekannt, da die Lieder in der Regel mündlich weitergegeben werden.

Traditionelle afrikanische Musik ist oft sehr emotional und bezieht die Zuhörer aktiv mit ein. Auch die Wiederholung spielt dabei eine große Rolle. Durch das vermehrte Spielen gelingt es zum einen, die Bedeutung der Musik in vollem Umfang zu verstehen, zum anderen tauchen die Musiker und Zuhörer tief in die Musik ein und erreichen nicht selten einen tranceartigen Zustand.

Improvisationen sind innerhalb vorgegebener Grenzen üblich. Neben allerlei Trommeln und anderen Schlaginstrumenten (auch Alltagsgegenständen wie Flaschen, Stöcken usw.) werden vor allem Körperinstrumente (z. B. Klatschen, Stampfen) eingesetzt.

Nach der Entdeckung Amerikas durch Columbus 1492 wurden viele Einwohner der Westküste Afrikas als Sklaven in die Neue Welt gebracht. Es entstand die Afroamerikanische Musik (Südamerikanische, Karibische und Nordamerikanische Musik), die bis heute nahezu alle Formen der populären Musik prägt.

Methodik

In diesem Kapitel soll u. a. die Verbindung von Trommelrhythmus mit Tonsprache (reduziert auf „dumpf" und „hell") kennen gelernt werden. Statt der einfachen, selbst gebauten Trommeln, können natürlich auch fertige Trommeln verwendet werden. Hörbeispiele von Sprechtrommeln („Talking Drums"), manchmal sogar in Verbindung mit afrikanischem Gesang, findet man im Internet (z. B. bei Youtube unter dem Stichwort „talking drums of Africa").

Bei mehreren Aufgaben werden Notenkenntnisse vorausgesetzt. Sie eignen sich dazu, das Thema „Rhythmische Notation" (nochmals) aufzugreifen. Die „Bedeutung" der verwendeten Trommelrhythmen stimmt nicht mit authentischen afrikanischen Trommelsprachen überein.

Beim Arrangement sollten die verschiedenen Rhythmuspatterns schrittweise aufgebaut werden, bevor die Melodie dazu gesungen wird.

Vorübungen

Zum Einstieg in dieses Kapitel bieten sich vielfältige Möglichkeiten für ein Warmup mit Rhythmen (am Platz oder besser in einem Kreis) an. Noten sind dabei zunächst nicht nötig.

Die Rhythmen werden nach Gehör auf verschiedenen Rhythmusinstrumenten gespielt oder geklatscht. Wichtig ist, dass alle wissen, wann sie spielen oder klatschen müssen. Dafür bietet es sich an, direkt nach dem vorgespielten Rhythmus einen Takt einzuzählen. Hier einige Vorschläge:

1. Die Lehrkraft (oder ein Schüler) spielt einen Rhythmus vor. Alle anderen spielen oder klatschen ihn nach.
2. Alle bilden eine „Rhythmusschlange", in der jeder einen Takt erfindet.
3. Mehrere Rhythmen werden von der Lehrkraft (oder Schülern) hintereinander auf die Reise geschickt. Bei dieser Variante entfällt das Zählen zwischen den einzelnen Takten. Allerdings sollte darauf geachtet werden, dass die einzelnen Rhythmen mit genügend großem zeitlichem Abstand hintereinander hergeschickt werden.

Wenn man zusätzlich noch Körperbewegungen und selbst erfundene, kurze Melodiefolgen einbezieht, erhält man einen ersten Eindruck von afrikanischer Musik.

Als Weiterführung bietet sich das Kirchenlied aus dem Evangelischen Gesangbuch *Er ist erstanden, Halleluja* an. Es basiert auf dem Suaheli-Lied *Mfurahini, Halleluya*. Die Aufgabe lautet, das Lied wieder in einen möglichst „originalen Zustand" zu bringen. Zunächst singt man das Lied mit „normaler Begleitung" (Klavier o. Ä.). Danach werden nochmals die zentralen Merkmale afrikanischer Musik (Trommelrhythmus, Gesang und Tanz; Akkorde spielen kaum eine Rolle) wiederholt und auf das Lied (in Originalsprache) übertragen. Passende Trommelrhythmen werden selbst erfunden, bzw. die Rhythmen aus dem Arrangement werden dem Takt angepasst.

Hörbeispiele auf der CD

1 Djerma Dundun Drummers – Ausschnitt (Isah Hamani)
2 Ayelevi – Playback mit Melodie
3 Ayelevi – Halbplayback

Ayelevi

HB 2-3

mündl. überliefert, aus Ghana und Togo

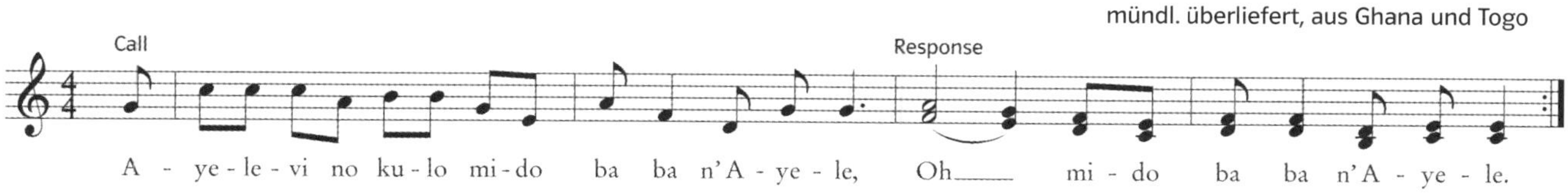

Ablauf: Ein Vorsänger (oder eine Gruppe) singt den ersten Teil (Call), alle anderen antworten mit dem zweiten Teil des Lieds (Response).

Sinngemäß übersetzt bedeutet der Liedtext: „Ayeles Mutter geht fort, wir sagen ihr bye-bye."

Begleit-Pattern

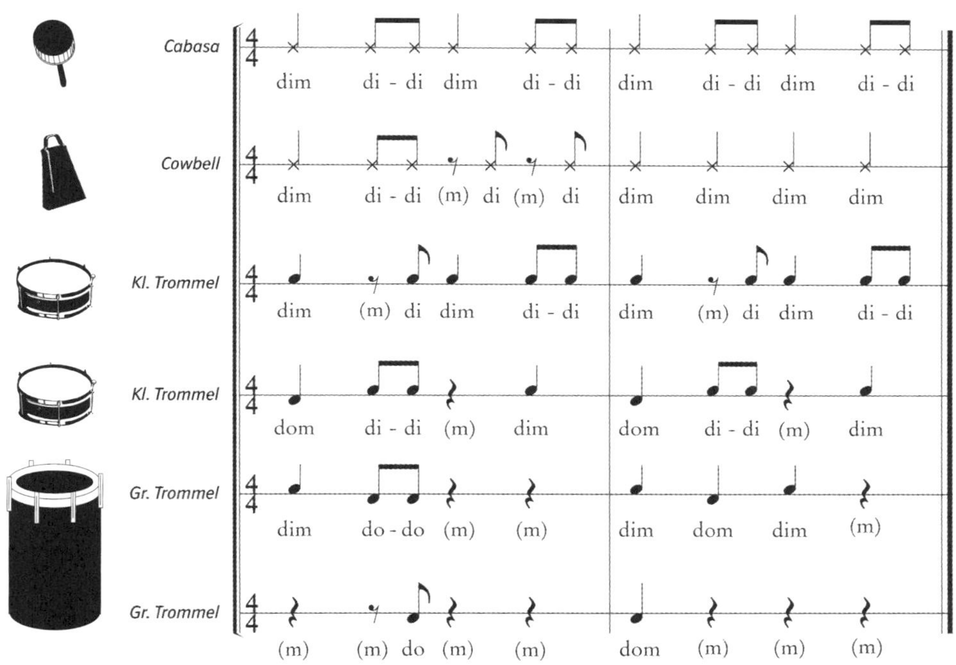

Bewegungen zum Lied

Auf die Schläge 1, 2, 3 mit dem jeweiligen Fuß stampfen (mit Gewicht) und auf den Schlag 4 einmal klatschen.

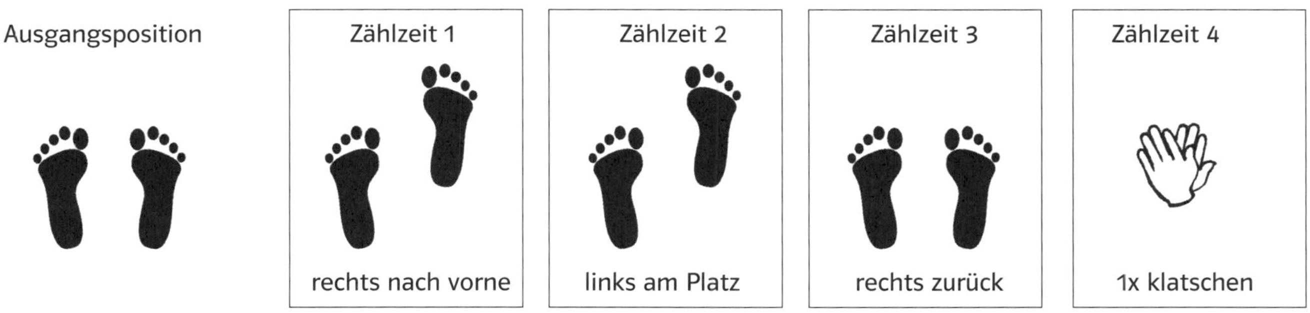

Der nächste Takt wird gegengleich ausgeführt (Beginn mit links), dann wieder mit rechts usw.

Kopiervorlage

Afrikanische Musik

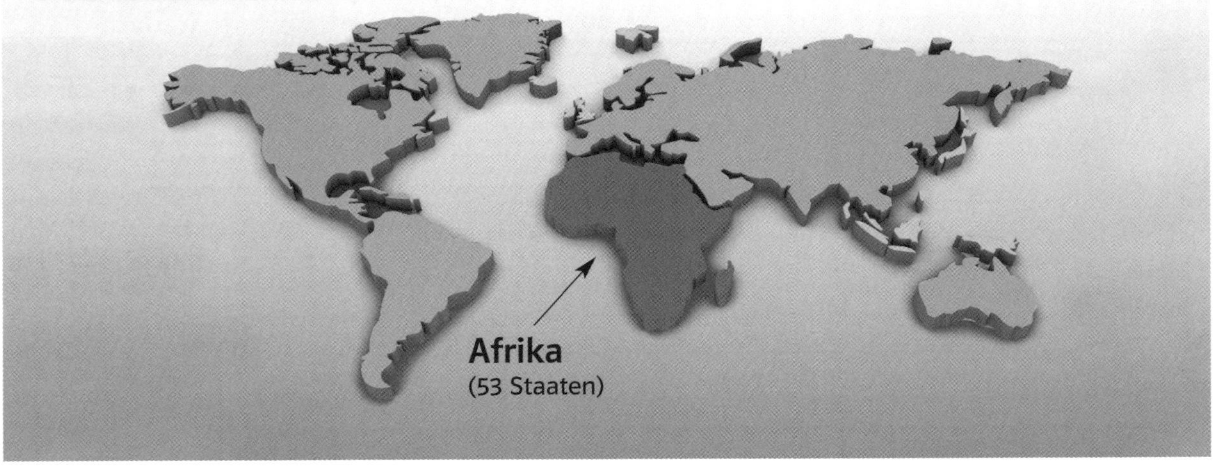

Da viele afrikanische Sprachen Tonsprachen sind, in denen die Bedeutung eines Wortes je nach Tonhöhe abweichen kann, werden Trommelrhythmen und Gesänge oft der Sprachmelodie angepasst und haben somit auch eine „hörbare Bedeutung".

Mit sogenannten Talking Drums (=Sprechtrommeln) lassen sich unterschiedliche Tonhöhen erzeugen und bei Bedarf auch für die rudimentäre Wiedergabe einer Tonsprache nutzen – z. B. für die Übermittlung von Nachrichten.

In den meisten Stücken wird ein rhythmisches Muster, ein sogenanntes Pattern, das ganze Lied über beibehalten. Auch die Melodien bestehen oft aus kurzen Motiven, die immer wieder (auch in veränderter Form) wiederholt werden. Dabei wird die Melodie oft in Vorsänger (=call) und Gruppe (=response) aufgeteilt. Akkorde spielen in der afrikanischen Musik nur eine untergeordnete Rolle.

Eine Trommel bauen

Baut euch eigene Trommeln wie in der Anleitung (unten) oder verwendet fertige Trommeln.

Ihr benötigt:
- 1 Popcorn-Eimer
- Klebeband
- 1 Plastiktüte

Spannt die Plastiktüte möglichst straff über den Eimer …

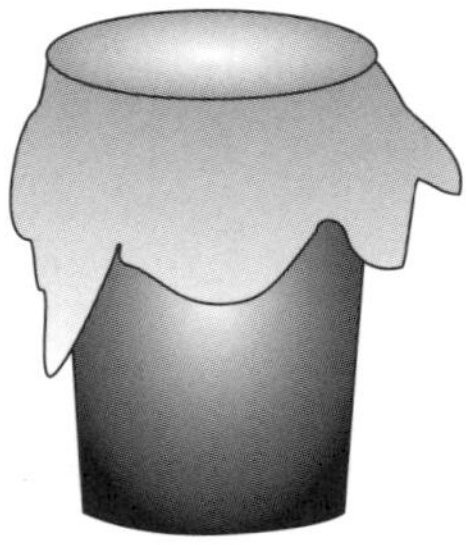

… und klebt sie mit dem Klebeband gut am Eimerrand fest.

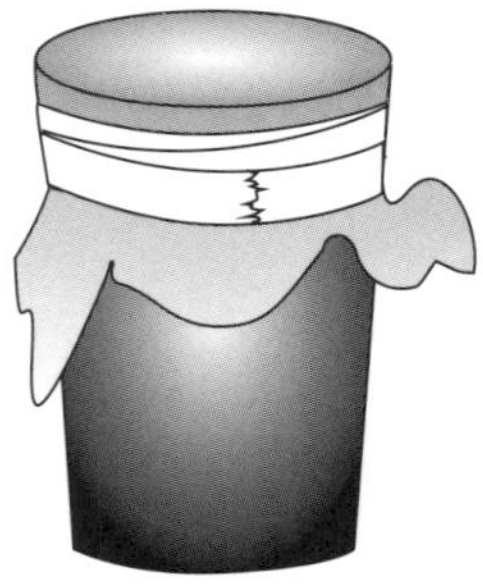

Trommelrhythmen

Übt folgende Rhythmen. Wenn ihr die Trommelmuster spielen könnt, beachtet auch die Tonhöhe, da Trommelsignale je nach Tonhöhe unterschiedliche Bedeutungen haben können.

Die Tonhöhen:

 = hell  an den Rand der Trommel schlagen

 = dumpf  in die Mitte der Trommel schlagen

Rhythmus: 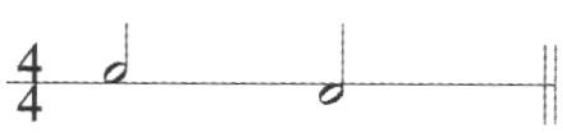  

Bedeutung: „Wie geht's?“ „Ey, voll cool!“ „Hal-lo du!“

Rhythmus: 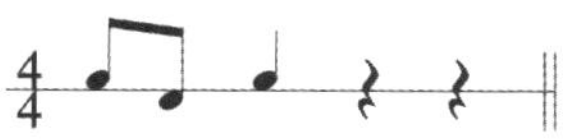  

Bedeutung: „Mach-ste mit?“ „Ja, ich hab Lust!“ „Nein, hab kei-ne Lust!“

Spiel deinem Nachbarn einige Rhythmen aus der ersten Aufgabe vor.
Dieser soll die Rhythmen in die Notenlinien unten notieren und die Bedeutung der Trommelbotschaft entschlüsseln. Danach tauscht ihr die Rollen.

Rhythmus: 4/4 ____________________ 4/4 ____________________

Bedeutung: „____________________“ „____________________“

Rhythmus: 4/4 ____________________ 4/4 ____________________

Bedeutung: „____________________“ „____________________“

Erfindet nun eigene Rhythmen und notiert sie.
Eine entsprechende „Bedeutung“ dürft ihr euch selbst überlegen.

Rhythmus: 4/4 ____________________ 4/4 ____________________

Bedeutung: „____________________“ „____________________“

Rhythmus: 4/4 ____________________ 4/4 ____________________

Bedeutung: „____________________“ „____________________“

Samba

Samba-Tänzerinnen auf dem „Karneval der Kulturen" in Berlin.

Samba war anfangs eine Sammelbezeichnung für eine Gruppe brasilianischer Tänze afrikanischen Ursprungs. Es gibt über ganz Brasilien verteilt zahlreiche verschiedene Sambatypen. Daher kann die Samba sowohl schnell, laut, hart und pulsierend als auch langsam, leise, weich und leicht klingen.

In den Samba-Schulen wird das ganze Jahr über auf den Karneval hingearbeitet. Die Spielweisen, Rhythmen und verwendeten Instrumente sind je nach Samba-Schule unterschiedlich, so dass jede Schule damit ihre Individualität herausstellen kann. Die erste *Escola de Samba* (Samba-Schule) wurde 1928 gegründet. Ihr gehörten überwiegend Afrobrasilianer an. Bald darauf folgten weitere Sambaschulen, die für ihre Mitglieder auch zu Orten der Geselligkeit und der Kommunikation wurden. Im Vordergrund stand natürlich die Vorbereitung der Karnevalstage.

An der Art der Rhythmen, der typischen Synkopierung und der häufigen Verwendung des call and response-Prinzips (Wechsel zwischen Vorsängern und Nachsängern) kann man noch heute den afrikanischen Ursprung erkennen.

Als einer der populärsten Samba-Hits gilt der Titel *Aquarela do Brasil* (übersetzt: *Aquarell von Brasilien*) von Ary Barroso, der in einer gekürzten Form unter dem Titel *Brazil* international bekannt wurde. Dabei handelt es sich im Vergleich zur lauten „Karnevals-Variante" um einen eher ruhigen Titel. 1997 landete die deutsche Popgruppe Bellini mit dem mitreißenden Song *Samba de Janeiro* einen Sommer-Hit, dessen Melodie bei der EM 2008 zur Fußball-Hymne avancierte und immer dann erklang, wenn ein Tor erzielt wurde.

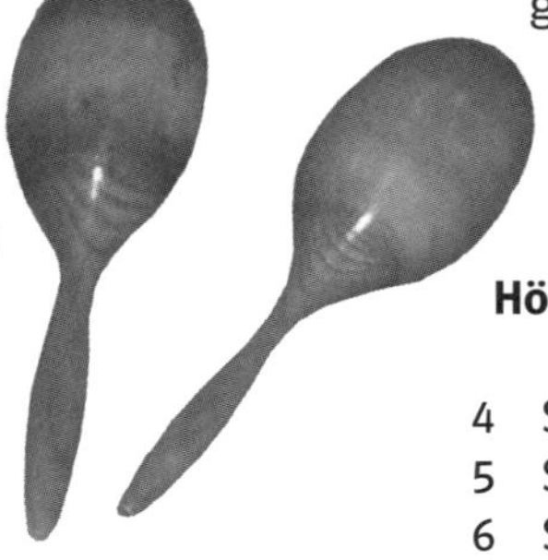

Methodik

Nachdem die Schüler das Hörbeispiel *Samba de Janeiro* und einige wichtige Merkmale der Samba auf dem Arbeitsblatt kennen gelernt haben, können sie mit dem *Samba de la escola* (*Schulsamba*) selber eine Samba musizieren. Das Playback wird mehrmals abgespielt, damit man das Begleitpattern schrittweise aufbauen kann.

Wenn das Samba-Pattern einstudiert worden ist, kann man es auch auf das Hörbeispiel *Samba de Janeiro* übertragen. Darüber hinaus ist auch ein Wechselspiel der Rhythmen, ähnlich wie im brasilianischen Karneval, möglich. Dafür werden Solo-Spieler bestimmt, die sich dann mit den Tutti-Rhythmen abwechseln. Die einzelnen Teile werden mit einer „Apito" – zwei Trillerpfeifen erfüllen den selben Zweck – angekündigt (siehe „Apito-Signal").

Im Aufgabenteil geht es darum, die wichtigsten Samba-Instrumente kennen zu lernen. Daher sind diese im Info-Teil nicht näher erklärt. Hörbeispiele zu allen Instrumenten findet man im Internet.

Weiterführung und Vertiefung

Zur Vertiefung kann man weitere Lieder aus Südamerika mit den Schülern singen und das Samba-Pattern auf diese Stücke übertragen.

Interessant ist auch der Vergleich der beiden Samba-Hits *Samba de Janeiro* und *Brazil*. An diesen Beispielen lassen sich gut musikalische Unterschiede herausarbeiten und man kann auf die unterschiedlichen Ausprägungen der Samba eingehen. Es bietet sich auch an, verschiedene Cover-Versionen desselben Samba-Hits auf ihre Wirkung hin zu vergleichen. Zahlreiche Versionen gibt es z. B. von *Mas que Nada*.

Hörbeispiele auf der CD

4 Samba de Janeiro – Ausschnitt (Bellini)
5 Samba de la escola – Playback mit Melodie
6 Samba de la escola – Halbplayback

Samba de la escola

HB 5-6

BW: c, d, e, fis, g, a, h

Musik und Text: Petra Hügel

Samba-Pattern

Apito-Signal

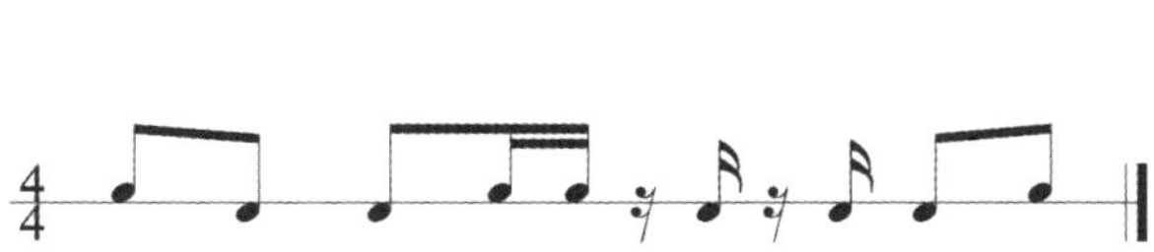

Kopiervorlage

Samba

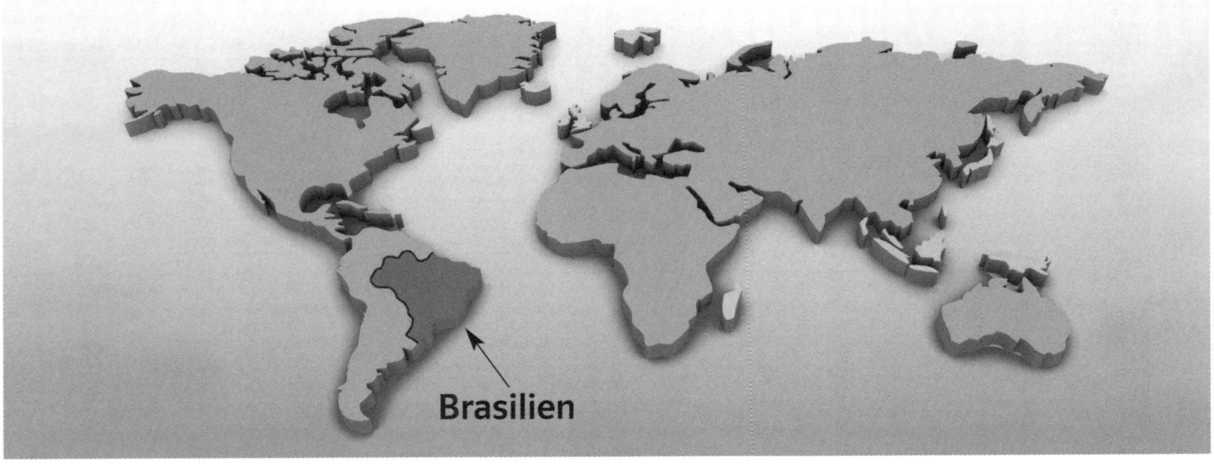

Durch den Einfluss afrikanischer Sklaven, die seit Anfang des 16. Jahrhunderts nach Amerika verschleppt wurden, entstand in Südamerika nach und nach eine Vielzahl verschiedener Musikstile, Rhythmen und Instrumente, die von Region zu Region stark variieren. Südamerikanische Rhythmen hören sich oft sehr kompliziert an, weil dabei mehrere verschiedene Rhythmen übereinander gespielt werden.

In Brasilien entstand als zentrale Musikform die Samba, von der es viele verschiedene Ausprägungen gibt. Die schnelle, laute Variante hat ihren Höhepunkt jedes Jahr im Karneval. Dann treten zahlreiche Samba-Schulen in prächtigen Gewändern musikalisch und tänzerisch gegeneinander an. Einzelne Spieler oder Kleingruppen wechseln sich oft solistisch mit der Gesamtgruppe ab. Die wichtigsten Instrumente sind Surdo, Cuica, Caixa, Agogo, Tamborim, Ganzá und Reco-Reco. Als Signalgeber wird die Apito, eine Art Trillerpfeife, verwendet.

Komponiert eine Sprechsamba. Erfindet dazu verschiedene Sätze mit möglichst unterschiedlichen Sprechrhythmen und sprecht sie gleichzeitig.
Hier ein paar Beispiele:

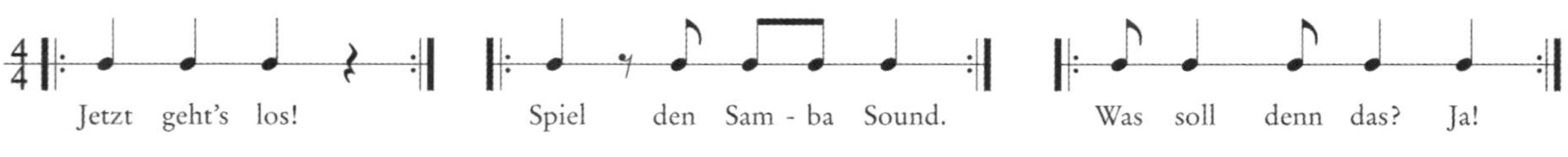

Um im Tempo zu bleiben, könnt ihr als „Sambaschlange" durchs Zimmer gehen oder im Takt hin- und herwippen.

Das Samba-Instrumentarium

Lest die Instrumentenbeschreibungen durch und tragt die jeweilige Nummer bei der richtigen Abbildung ein. Die Buchstaben bei den Abbildungen ergeben in umgekehrter Zahlenfolge das Lösungswort.

1. Apito: Diese Trillerpfeife kann bis zu drei verschiedene Töne erzeugen und wird vor allem eingesetzt, wenn man wichtige Signale, z. B. zum Ablauf des Stücks, geben muss.

2. Surdo: Die Surdo ist eine sehr große doppelfellige, zylindrische Trommel, deren Rahmen meist aus Aluminium (früher Holz) besteht. Sie ist die größte Samba-Trommel und liefert das musikalische Bassfundament. Gespielt wird die Surdo meist mit nur einem Schlägel. Die freie (andere) Hand dient zum Abdämpfen des Fells.

3. Cuica: Die Cuica ist eine mittelgroße Trommel, in deren Fell ein Holzstab eingebunden ist. Reibt man diesen Holzstab mit einem feuchten Tuch, erhält man ein quietschendes, seufzendes Geräusch. Die andere Hand drückt auf das Fell und kann so die Tonhöhe ändern.

4. Caixa: (sprich: caischa). Die Caixa ist eine kleine Trommel, bei der das Fell mit Schnarrsaiten bespannt ist. Sie ähnelt der Snaredrum, ist aber kleiner. Man spielt sie mit Schlagzeugsticks.

5. Agogo: Bei dieser Mehrfachglocke sind zwei bis vier verschieden gestimmte Glocken durch einen biegsamen Metallstab miteinander verbunden. Sie werden mit einem Stick angeschlagen und erzeugen den typisch metallischen Ton. Einen besonderen Klang erhält man, wenn man die Glocken gegeneinander drückt.

6. Tamborim: Das Tamborim ist eine kleine, hoch gestimmte Rahmentrommel mit einem Plastikfell. Sie wird mit einem dünnen Stock oder einer Tamborim-Peitsche aus Kunststoff angeschlagen und erzeugt einen lauten, knalligen Klang.

7. Ganzá: Die Ganzá ist ein Schüttelrohr aus Metall, das mit Körnern gefüllt ist. Mit ihrem kontinuierlichen Rhythmus bildet sie einen rhythmischen Klangteppich.

8. Reco-Reco: Beim Reco-Reco fährt man mit einem Stäbchen aus Metall über Metallfedern. Dabei entsteht ein „ratschender" Klang. Varianten aus Holz bestehen aus zylindrischen Holzröhren und sind oft unter dem Namen Guiro bekannt.

◯ L

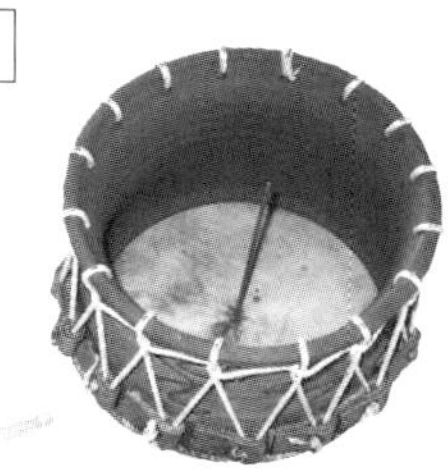

◯ S

◯ I

◯ R

◯ B

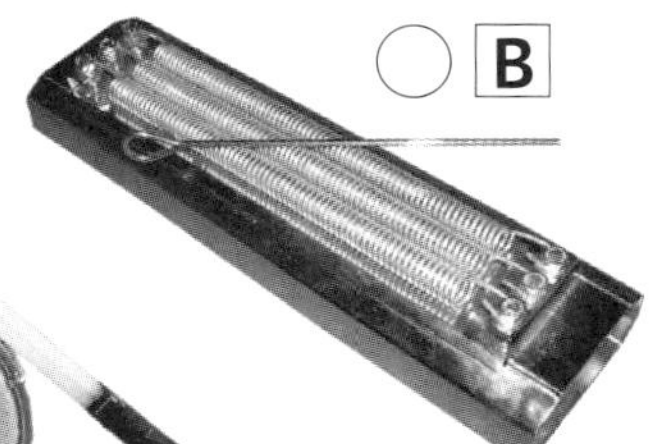

◯ A

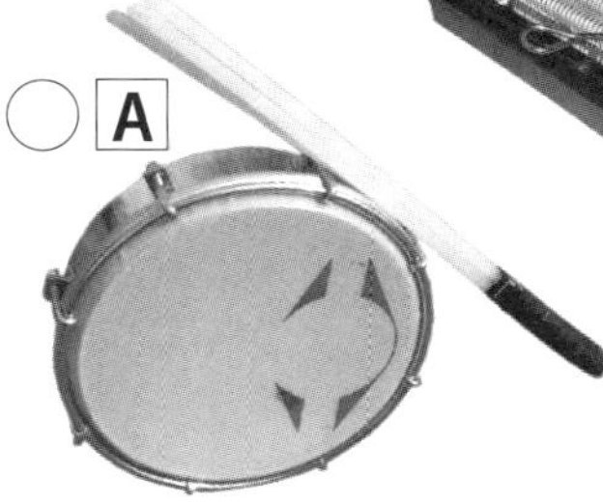

◯ I

◯ A

Calypso

Eine Calypso-Band aus Jamaika

Der Calypso entstand etwa zu Beginn des 20. Jahrhunderts auf den Karibikinseln Jamaika, Trinidad und Tobago. In ihm vermischen sich musikalische Einflüsse europäischer – vor allem französischer – Kolonialherren und westafrikanischer Sklaven, die in der Karibik angesiedelt worden waren. Es handelt sich um eine folkloristische Lied- und Tanzform – oft mit ironisch zweideutigen Texten über das Verhalten der fremden Machthaber. Auch in späterer Zeit wurden kritische Meinungsäußerungen gern in Calypso-Texten versteckt. Der Versuch der britischen Behörden, dies durch Zensurmaßnahmen einzudämmen, gelang nicht vollständig. Musikalische Wettbewerbe, bei denen sich die Steeldrum-Bands mit witzigen Texten gegenseitig verspotten, werden vor allem zur Karnevalszeit ausgetragen.

Die Instrumentierung des Calypso zeichnet sich aus durch Steeldrums und Instrumente der Latin Percussion wie Congas, Bongos, Claves, Maracas und Cowbells. Rhythmisch ist der Calypso geprägt durch die Clave, einen meistens zweitaktigen Rhythmus, der auf Holz-Klangstäben, den sogenannten Claves, gespielt wird. Es gibt mehrere Varianten (z. B. *Son-Clave*, *Rumba-Clave*, *Bossa-Nova-Clave*), die alle aus einem (sich wiederholenden) zweitaktigen Muster bestehen und je nach Ausprägung im ersten Takt drei Schläge und im zweiten Takt zwei Schläge (3-2-Clave) bzw. im ersten Takt zwei Schläge und im zweiten Takt drei Schläge (2-3-Clave) haben.

Beispiel für eine 3-2-Clave:

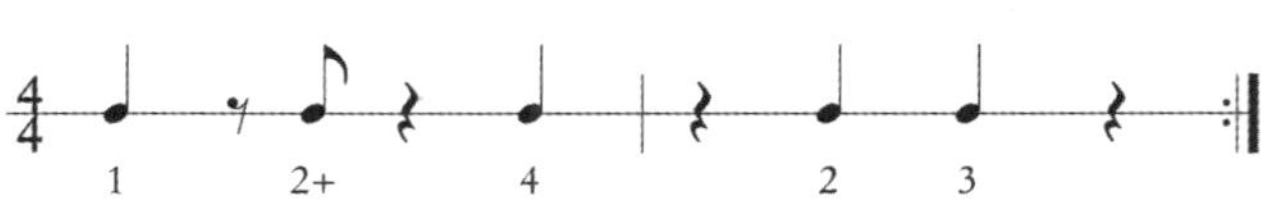

Beispiel für eine 2-3-Clave:

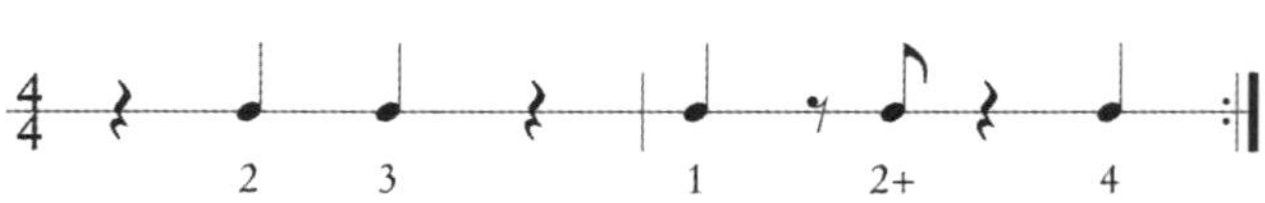

Bereits 1914 entstanden erste Calypso-Aufnahmen. Es folgten eine Reihe von Calypso-Hits, bis Harry Belafonte in den 50er Jahren mit seinen Calypso-Imitationen (z. B. dem *Banana Boat Song*, der auf einem jamaikanischen Volkslied basiert und die schlecht bezahlte Arbeit der schwarzen Hafenarbeiter beschreibt) einen wahren Calypso-Boom auslöste. Der Musikstil wurde weltweit bekannt und der Calypso zum Modetanz. Für lange Zeit war Belafonte, der Sohn einer Arbeiterin aus Jamaika, der selbst fünf Jahre lang auf Jamaika lebte, der Inbegriff jamaikanischer Musik. Auch heute noch spielt der Calypso eine große Rolle. In der Werbung vermittelt er unbeschwertes Urlaubsgefühl und sogar im Evangelischen Gesangbuch findet man einige Lieder, die auf dem Calypso basieren (s. u.).

Methodik

Es ist empfehlenswert, mit dem Arrangement des *Banana Boat Songs* (S. 20 f) zu beginnen, da das Arbeitsblatt die Kenntnis des Songs voraussetzt. Um den Steeldrum-Charakter nachzuahmen, wird die Melodie auf mehreren Glockenspielen und Metallofonen gespielt, bei denen die Klangplatten z. B. mit der Hand abgedeckt werden, damit sie nicht mehr voll ausschwingen können. Die Schüler sollten mit verschiedenen Schlägeln und Abdecktechniken experimentieren, um dem Steeldrum-Klang möglichst nahe zu kommen. Steeldrum-Hörbeispiele sind im Internet schnell zu finden.

Im Aufgabenteil soll zunächst ein eigener Calypso-Text geschrieben werden. Anschließend wird der Text von *Matilda* übersetzt. Dieser Calypso, der ebenfalls durch Harry Belafonte populär wurde, zeigt sehr gut den ironischen Unterton vieler Calypso-Texte. Matilda nimmt das Geld, das ihr zukünftiger Mann für die gemeinsame Hochzeit gespart hat, und setzt sich nach Venezuela ab.

Weiterführung und Vertiefung

Als Weiterführung kann das Calypso-Pattern auf andere Calypso-Songs übertragen werden (z. B. *Anytime You Need A Calypso*).

Eine Text-Parodie auf den *Banana Boat Song* findet man in Rolf Zukowskis *Bananenbrot-Song*. Im *Benjamin-Calypso* aus dem Musical *Joseph And The Amazing Technicolor Dreamcoat* wird der Calypso auch musikalisch parodiert.

Einen besonderen Reiz bieten zwei Kirchenlieder aus dem Evangelischen Gesangbuch: *Vater unser* basiert auf einem westindischen Calypso und *Kommt mit Gaben und Lobgesang* auf einem Volkslied aus Jamaika. Zunächst können sie mit üblicher Gitarren- oder Klavierbegleitung gesungen werden. Anschließend verwendet man die Rhythmusbegleitung aus dem Arrangement. Dadurch wird nochmals klar, dass durch die entsprechende rhythmische Begleitung der Charakter des Lieds stark verändert wird.

Auch der Bacardi-Werbesong *Slippin' On Bacardi Rum* (Hörbeispiel und Video z. B. auf Youtube) bietet sich für eine Weiterführung an. Hier liegt der Schwerpunkt vor allem auf der Frage, wie geeignete Musik eine Werbebotschaft (junge Leute in Urlaubsstimmung) unterstützt. Eventuell könnte man auch noch das Thema „Werbung“ anschließen und unterschiedliche Werbesongs auf ihre Wirkung überprüfen.

Harry Belafonte, geb. 1927, auf einem Foto von 1954

Hörbeispiele auf der CD

7 Banana Boat Song (Harry Belafonte) (Ausschnitt)
8 Banana Boat Song – Playback mit Melodie
9 Banana Boat Song – Halbplayback
10 Banana Boat Song – call and response-Teil

Kopiervorlage

Calypso

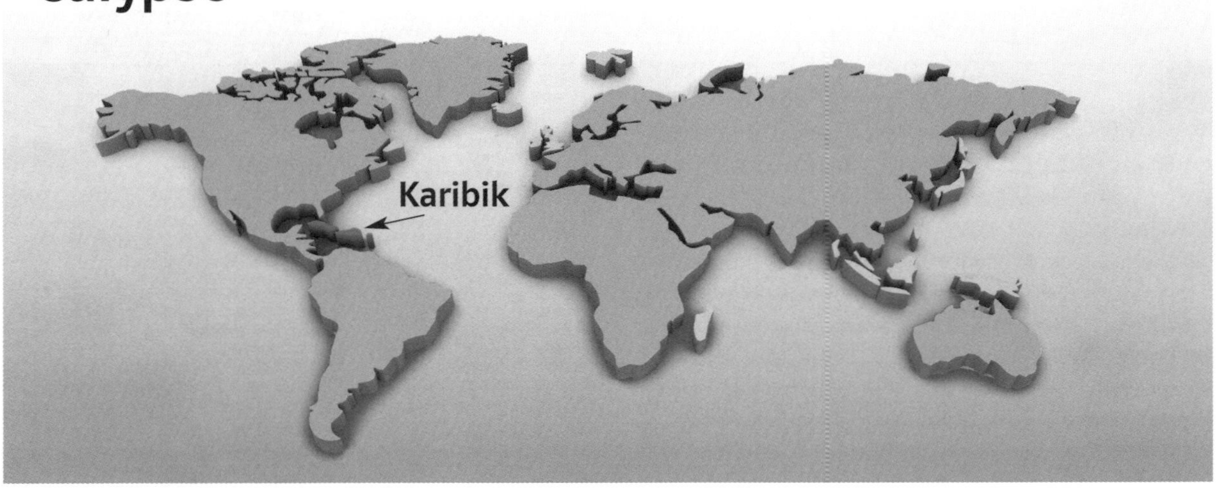

Claves

Der Calypso entstand zu Beginn des 20. Jahrhunderts auf den Karibikinseln rund um Jamaika und ist heute noch ein wichtiger Bestandteil der Musik von Trinidad und Tobago. Er entwickelte sich aus dem Gesang afrikanischer Sklaven, die sich wegen des Sprechverbots auf den Zuckerrohrplantagen vor allem durch Gesang verständigten und immer wieder Spottlieder auf ihre Herren dichteten. Auch später diente der Calypso zur Kommunikation, z. B. zur Nachrichtenverbreitung und freien (kritischen) Meinungsäußerung.

Ein Calypso ist häufig nach dem call and response-Prinzip aufgebaut, bei dem ein Vorsänger (call = Ruf) immer im Wechsel mit der ganzen Gruppe (response =Antwort) singt. Der Calypso-Sound ist geprägt von verschiedenen Rhythmusinstrumenten und der Steeldrum. Das ist eine Metallschale (ursprünglich alte Ölfässer) mit gestimmten Klangfeldern, die mit Klöppeln angeschlagen wird. Die sogenannten Steeldrum-Bands machen zur Karnevalszeit häufig musikalische Duelle und treten im Wettstreit gegeneinander an.

Rhythmisch treten oft Synkopen (=Betonungsverschiebungen) auf. Die Klangstäbe (Claves) spielen meist ein Muster aus zwei- und dreiteiligen Rhythmen.

Steeldrum

Kopiervorlage

Call And Response

HB 10

Gruppenarbeit: Ergänzt in den unten stehenden Noten einen eigenen Liedtext für die „call"-Teile des *Banana Boat Songs*.
Der Text sollte möglichst eine Nachricht an eure Mitschüler übermitteln (z. B. die Einladung zu einer Party oder eine andere wichtige Mitteilung).

Singt nun die neuen Versionen zum Playback. Die Response-Teile könnt ihr auf „la" oder andere Silben singen. Da alle Teile mehrfach vorkommen, können auch mehrere Gruppen einen musikalischen Wettstreit durchführen.

Der Calypso *Matilda*, ein Traditional aus Jamaika im landestypischen „Pidgin-English", zeigt besonders gut die Ironie, die in vielen Calypsotexten steckt. Übersetzt den Text in Gruppen.

Refrain (2x)	Matilda, Matilda, Matilda, she take my money and run Venezuela.
1. Str.	Five hundred dollars, friends, I lost. Poor man even sell my cab and horse.
Refrain (2x)	Matilda, Matilda, Matilda, she take my money and run Venezuela.
2. Str.	Well the money was to buy me house and land, then she got a serious plan.
Refrain (2x)	Matilda, Matilda, Matilda, she take my money and run Venezuela.
3. Str.	Well the money was just inside my bed, stuck up in the pillow beneath my head.
Refrain (2x)	Matilda, Matilda, Matilda, she take my money and run Venezuela.
4. Str.	Well, my friends, never to love again, all my money gone in vain.
Refrain (2x)	Matilda, Matilda, Matilda, she take my money and run Venezuela.

Banana Boat Song

HB 8-9

Text und Musik: Trad. Calypso, Jamaica
Arr.: Petra Hügel

BW: cis, d, fis, g, a

2. Work all night on a drink of rum,
daylight come and me wanna go home.

3. A beautiful bunch of ripe banana,
daylight come and me wanna go home.

In diesem Lied singen Hafenarbeiter, die in der Nachtschicht Bananen auf Frachtschiffe verladen, über ihre Arbeit und den beginnenden Tagesanbruch.

Tallyman = Kontrolleur
to tally = kontrollieren

Die Strophen sind in verschiedenen Versionen im Umlauf, weil sie damals wahrscheinlich aus dem Stegreif erfunden wurden und sich so mehrere Varianten verbreitet haben.

Calypso-Pattern

Blues

B. B. King während eines Konzerts in Deauville, Frankreich, im Juli 1989

Der Blues entstand Ende des 19. Jahrhunderts im Süden der USA, auf den Baumwollfeldern des Mississippi-Deltas bei New Orleans aus den Worksongs, dem Gospel und einigen neu hinzugekommenen Elementen. Lange Zeit wurde er ausschließlich von Schwarzen gespielt. Der Blues lieferte die Grundlage für viele nachfolgende populäre Musikrichtungen wie z. B. Rhythm & Blues, Soul, Rock 'n' Roll, Rock. Er wirkt immer noch in aktuellen Strömungen wie z. B. dem Hip-Hop nach. Blues ist bis heute eine lebendige Musik, in der ständig neue Interpreten hinzukommen.

Blues-Texte beschreiben in der Regel persönliche Probleme, Sexualität, soziale Missstände und Rassendiskriminierung. Oft sind die Texte voller Ironie und Doppeldeutigkeit. Im Gegensatz zum geistlichen Spiritual, in dem die Hoffnung auf ein besseres Leben anklingt, spiegelt der Blues eher Ausweglosigkeit wider.

Neben der ternären Rhythmik ist auch die Off-Beat-Akzentuierung („vorgezogene" Noten auf unbetonten Zählzeiten) ein charakteristisches Stilmittel des Blues.

Die sogenannten „Bluenotes" entstammen afrikanischen Tonsystemen und lassen sich auf starr intonierten Instrumenten, wie z. B. Piano, nicht zufriedenstellend reproduzieren. Eher funktioniert es durch gewollt unsaubere Intonation (sogenannte „dirty notes") mit der Stimme oder mit Blasinstrumenten. Im traditionellen Tonsystem werden sie als kleine Terz, verminderte Quinte und kleine Septime notiert, weil z. B. die Bluesterz näher bei der kleinen als bei der großen Terz liegt.

Blues-Tonleitern gibt es in verschiedenen Varianten, die fast alle die Tonstufen 1, 4 und 5 enthalten und die Bluenotes mit einbeziehen. Eine der einfachsten Blues-Tonleitern ist die Moll-Blues-Tonleiter, die in diesem Kapitel zu Grunde gelegt wird. Sie ist folgendermaßen auf-

Blues-Schema

Die Grundform besteht aus der Stufenanordnung Tonika (T), Subdominante (S) und Dominante (D):

|| T | T | T | T | S | S | T | T | D | S | T | T ||

Die einzelnen Stufen können auch als Septakkorde notiert werden.
Im Laufe der Zeit wurde dieses Schema stark erweitert und variiert und wirkte sich maßgeblich auf die nachfolgenden Musikstile und auch die Entwicklung des Jazz aus. Wichtige Varianten sind der „Quick Change" (Subdominante statt Tonika im zweiten Takt) und der „Turnaround" (Rückführung zum Anfang des Schemas durch die Dominante im 12. Takt statt der Tonika). Selbstverständlich kann das Blues-Schema auch verkürzt bzw. verlängert werden (z. B. eine Stufe = zwei Takte).

gebaut: Prime, kleine Terz, Quarte, verminderte Quinte (Flatted Fifth), Quinte, kleine Septime und Oktave der Grundtonart. In C-Dur ergeben sich so die Töne C, Es, F, Ges, G, Bb, C.

Aus der Dreiteilung call-call-response bezieht das Blues-Schema seine Spannung. Darüber hinaus gibt die Wiederholung der ersten Zeile dem Sänger bei Improvisationen mehr Zeit für die Erfindung von Texten (oder Melodien).

Backwater Blues gehört zu den ältesten Bluesstücken und wurde durch die „Königin des Blues", Bessie Smith (1894-1937), weltweit bekannt. Weitere bekannte Vertreter sind Muddy Waters (1913-1983), B. B. King (*1925), aber auch weiße Musiker wie Eric Clapton (*1945). Aus dem Blues entwickelte sich später der „Rhythm & Blues", eine härtere, elektrisch verstärkte Art des Blues.

Methodik

Das Schüler-Arbeitsblatt ermöglicht die schrittweise Erarbeitung der musikalischen Merkmale des Blues und führt so zu einem eigenen Blues-Song. Da das verwendete Blues-Schema dem des *Backwater Blues* entspricht, können die neu komponierten Blues-Songs auch zum *Backwater Blues*-Playback gesungen werden.

Es bietet sich an dieser Stelle an, die normale Durtonleiter bzw. den Quintenzirkel zu wiederholen und die Schüler auch (Moll-)Blues-Tonleitern auf anderen Stufen entwickeln zu lassen.

Im Arrangement sollte die Bassstimme auf zwei Spieler aufgeteilt werden. Spieler 1 übernimmt den jeweils untersten Ton der Begleitung. Je nach Musiziererfahrung kann entweder die erste oder zweite Variante musiziert oder von Strophe zu Strophe abgewechselt werden.

Weiterführung und Vertiefung

Als Weiterführung können bekannte Blues-Stücke, wie z. B. *Ten Long Years* von B. B. King, aufgegriffen werden. Im Musical *Starlight Express* findet man *Papa's Blues*, der nach dem selben Schema wie der *Backwater Blues* aufgebaut ist und in seinem originellen Text „Oh, die erste Zeile im Blues muss immer wie die zweite sein. Ja, die erste Zeile im Blues muss immer wie die zweite sein. Denn bis zur dritten fällt dir gewiss ein, was am besten passt als Reim ..." sogar den dreiteiligen Aufbau der Strophe beschreibt.

Hörbeispiele auf der CD

11 Backwater Blues – Ausschnitt (Bessie Smith)
12 Backwater Blues – Playback mit Melodie
13 Backwater Blues (Variante A) – Halbplayback
14 Backwater Blues (Variante B) – Halbplayback

Blues-Pattern

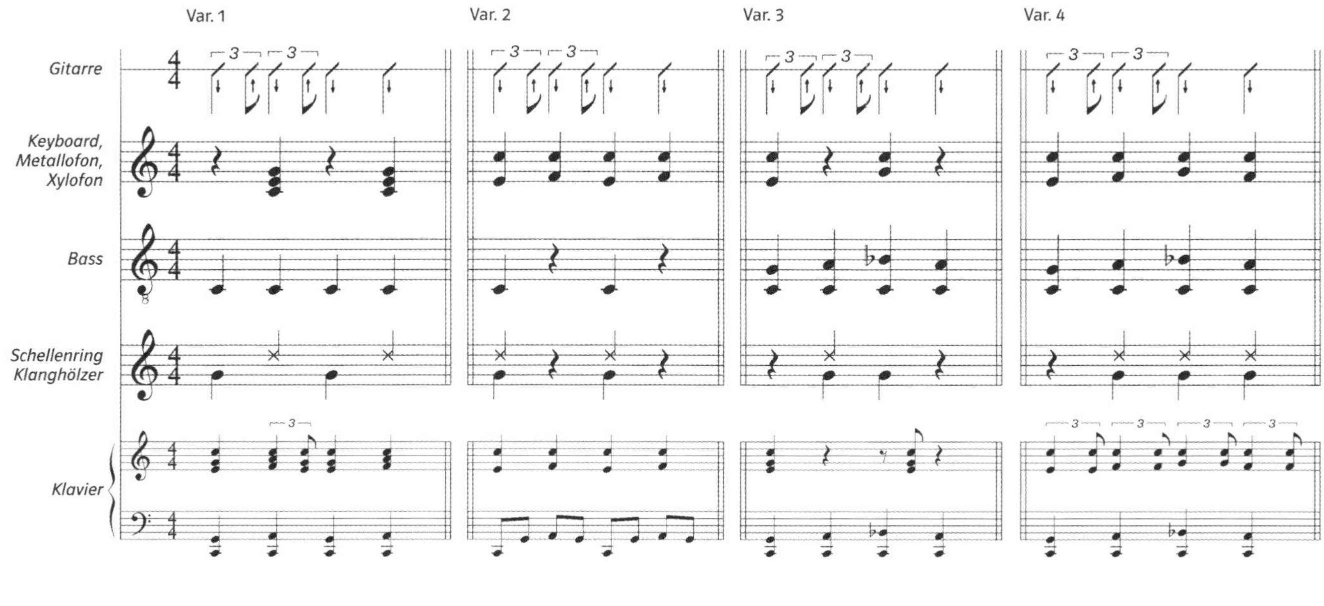

Kopiervorlage

Blues

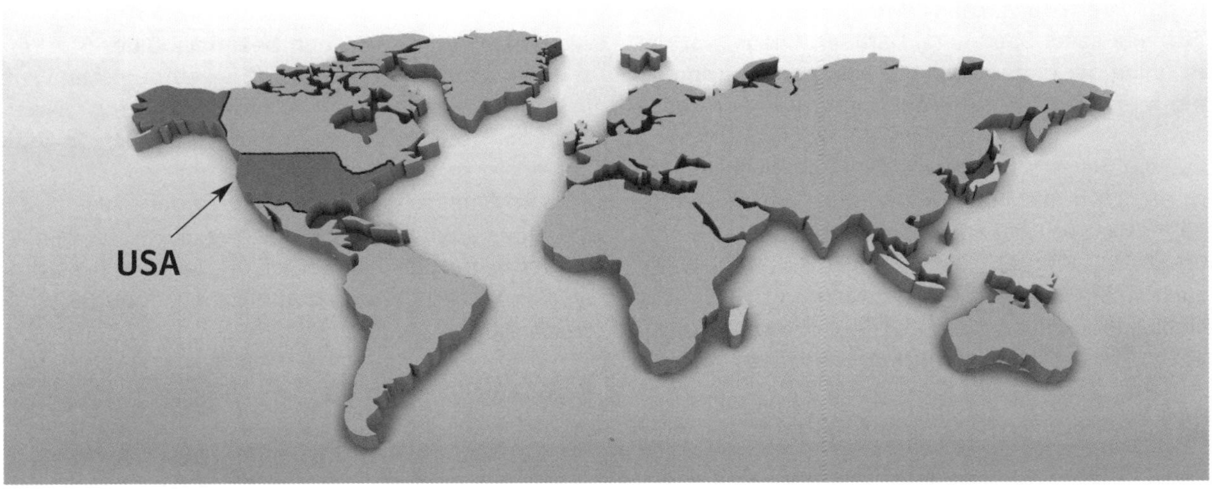

Das Wort „blue“ bezeichnet in der englischen Sprache nicht nur eine Farbe, sondern ist ein anderes Wort für traurige Stimmung. „To have the blues“ bedeutet „schwermütig sein“. Der Blues ist also eine Musik über Traurigkeit und Schwermut.

Blues entstand gegen Ende des 19. Jahrhunderts in den USA und wurde anfangs ausschließlich von Schwarzen gespielt und gehört. Unter ihnen gab es z. B. blinde Sänger, die sich als Straßenmusiker den Lebensunterhalt verdienten. Zur Begleitung ihres Gesangs verwendeten sie Gitarre und Mundharmonika, denn ihre Instrumente mussten preiswert und transportabel sein.

Blues-Texte handeln meistens von der schwierigen Lebenssituation. Die Melodien enthalten spezielle Töne der Blues-Tonleitern, sogenannte „Bluenotes“, die in europäischen Tonleitern nicht existieren. Sie entstanden durch die Vermischung von afrikanischen und europäischen Tonsystemen.

Die Rhythmen im Blues werden ternär gespielt. Das bedeutet, dass z. B. zwei Achtelnoten so gespielt werden, als ob die vordere Note doppelt so lang ist wie die hintere (♫ = ³♩♪).

Schon früh entwickelte sich das Blues-Schema. Das ist ein Akkordschema, bei dem eine Strophe in drei Teile untergliedert (call–call–response) und nach einer bestimmten Akkordreihenfolge aufgebaut ist. Mit diesem Schema können mehrere Musiker sofort spontan miteinander musizieren. Deswegen ist es bis heute sehr beliebt.

Die Cannon's Jug Stompers, eine erfolgreiche Blues-Band aus Memphis, die von 1928 bis 1930 bestand.

Die als „Blues Harp“ bezeichnete Mundharmonika ist eine spezielle Form dieses Instruments. Durch die diatonische Auslegung ist sie jeweils nur in einer Tonart spielbar. Deshalb haben Blues Harp-Spieler in der Regel immer mehrere Instrumente dabei.

Der Blues-Rhythmus

Macht euch mit dem typischen Blues-Rhythmus vertraut:
Klatscht zunächst die 3/8-Takt-Vorübung (links), die euch ins ternäre Rhythmusgefühl bringt.
Danach klatscht ihr den rechten Teil einmal wie notiert und dann im ternären Blues-Rhythmus.

Die Blues-Tonleiter

Es gibt mehrere verschiedene Blues-Tonleitern. Eine der einfachsten Blues-Tonleitern erhält man nach folgender „Bauanleitung“:

- Erniedrigt den 3. und 7. Ton der Tonleiter mit einem *b* (falls einer dieser Töne ein # hat, wird er erniedrigt, indem man das Kreuz auflöst, also wegstreicht).
- Fügt noch zusätzlich einen erniedrigten 5. Ton ein.
- Streicht den 2. und 6. Ton der ursprünglichen Durtonleiter.

Hier die Vorzeichen ergänzen (Die Grundtonleiter ist bereits vorgegeben).

Blues-Tonleiter in C **Blues-Tonleiter in F** **Blues-Tonleiter in G**

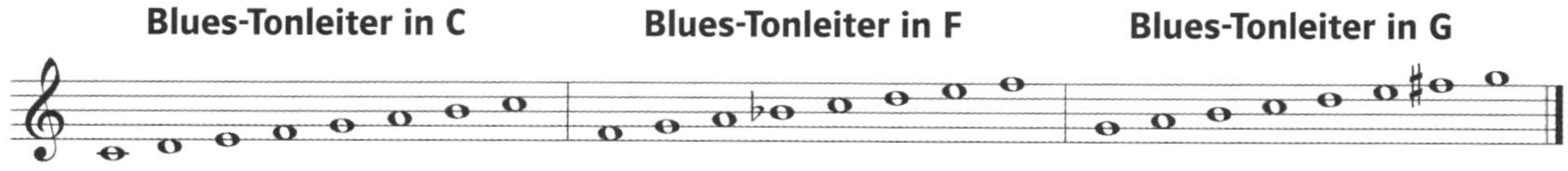

Eine eigene Blues-Melodie

Komponiert eine Melodie zum abgebildeten Blues-Schema (hier in der Quick-Change-Variante*).
Dazu verwendet ihr einfach je nach Akkord die Töne aus der entsprechenden Blues-Tonleiter.
Mit einem passenden Text versehen ist euer eigener Blues schon fertig und ihr könnt ihn zum Playback des *Backwater Blues* singen.

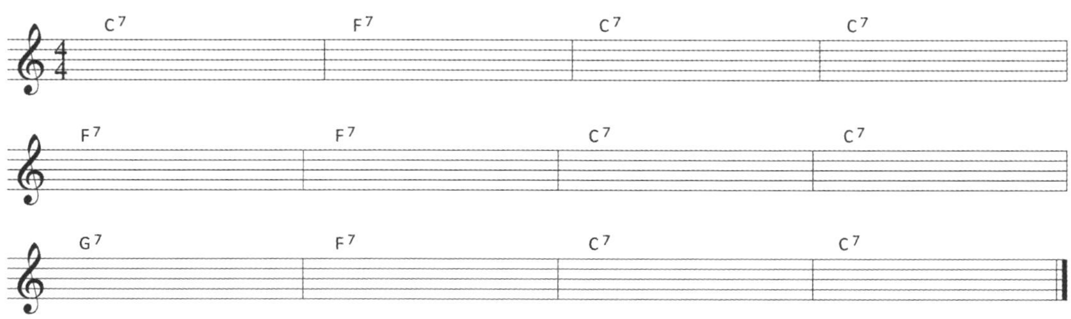

**Quick Change: Im 2. Takt des Blues-Schemas wird anstelle der Tonika die Subdominante gespielt.*

Backwater Blues

HB 12-13

Variante A

BW: d, es, e, f, g, c′

Traditional aus den USA
Arr.: Petra Hügel

Backwater Blues

HB 14

Variante B

BW: d, es, e, f, g, c'

Traditional aus den USA
Arr.: Petra Hügel

Rock 'n' Roll

Elvis Presley (1935–1977) und seine Band bei einem Fernseh-Auftritt 1956

In den 1940er Jahren entwickelte sich der Blues in den schwarzen Gettos Nordamerikas weiter zum „Rhythm & Blues“, einer härteren, elektrisch verstärkten Spielart des Blues. Bei der weißen Bevölkerung war zu dieser Zeit vor allem die Country-Musik vorherrschend – ein aus der volkstümlichen Musik der USA hervorgegangener, schlagerähnlicher Stil, der sich durch Gitarre, Banjo, Fiddle und Schlagzeug als wichtigste Instrumente sowie eine tiefe männliche Singstimme auszeichnet.

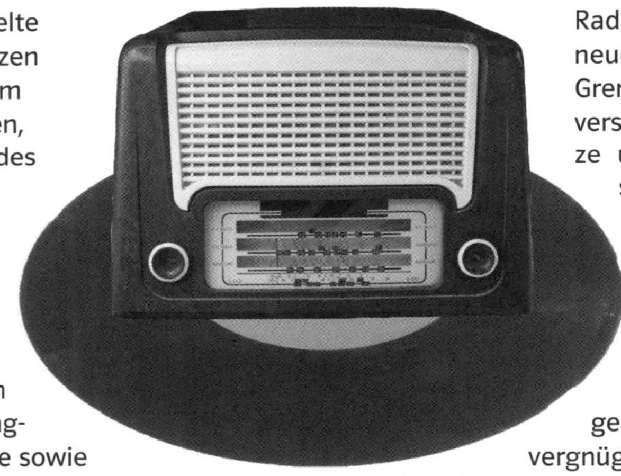

Durch die zunehmende Verbreitung von Radiogeräten und Schallplatten begannen auch weiße Jugendliche sich für den schwarzen Rhythm & Blues zu interessieren. Eine neue Generation von Musikern versuchte schwarze und weiße Musik zu verbinden. Bill Haley (1925–1981) kombinierte den harten Beat des Rhythm & Blues mit dem flotten Tempo der Country-Musik und produzierte mit seiner Band Bill Haley & The Comets große Hits. Vor allem der Song *Rock Around The Clock* wurde, nicht zuletzt durch die Verwendung in dem Film *Die Saat der Gewalt*, in dem es um Jugendkriminalität an Schulen geht, zum Welterfolg. Radio-DJ Alan Freed formte aus einer Textzeile von Haleys *Rock A Beatin' Boogie* („Rock, rock, rock everybody, roll, roll, roll everybody ...“) den Stilbegriff „Rock and Roll“ und sorgte mit seiner Radioshow für die Verbreitung der neuen Musik, in der die strengen Grenzen zwischen Schwarz und Weiß verschmolzen. Nicht wenige Schwarze und Weiße standen dem sehr skeptisch gegenüber.

Neben Bill Haley waren Elvis Presley, Little Richard, Chuck Berry, Jerry Lee Lewis und Buddy Holly wichtige Vertreter dieser Stilrichtung.

Der Wunsch einer neuen Jugendgeneration, sich nach der Arbeit zu vergnügen, die Abkehr von den Werten der Elterngeneration sowie neue technische Möglichkeiten ergaben die gesellschaftliche Basis für den Erfolg des Rock 'n' Roll. Schon das Interesse der weißen Jugendlichen am Rhythm & Blues, der in der weißen Bevölkerung als schmutzig galt und von den Eltern häufig verboten wurde, zeigt den Beginn des Aufbegehrens gegen die gesellschaftlichen Zwänge der Elterngeneration.

Der Begriff Rock 'n' Roll bedeutet übersetzt so viel wie „schaukeln und wälzen“ und beschreibt einerseits die erotischen Gesten der Sänger, andererseits steht er als Synonym für Sex. Das Verhalten von Musikern und Zuhörern sorgte für Entsetzen in der Elterngeneration, die immer wieder versuchte, diese Musikart zu entschärfen. Mit der zunehmenden Aufweichung des Stils zogen sich viele große Rock 'n' Roll-Stars zurück oder wendeten sich anderen Musikstilen zu.

Die zunehmend selbstbewusster auftretende nachfolgende Jugend fand neue Möglichkeiten der Identifikation und Rebellion in den Weiterentwicklungen wie Beat, Rock und Soul.

Methodik

Die Schlagzeugstimme von *Rock Around The Clock* lässt sich auf mehrere Schüler aufteilen und auch mit Body-Percussion umsetzen (siehe Einführung am Anfang des Hefts).
Das Gitarren-Schlagmuster aus dem Rock 'n' Roll-Pattern wird erst ab der dritten Zeile gespielt. In den ersten beiden Zeilen schlägt die Gitarre im gleichen Rhythmus wie das Xylofon.

Nachdem die musikalischen Merkmale des Rock 'n' Roll mit Hilfe von Schüler-Info und Arrangement erarbeitet worden sind, kann der Rock 'n' Roll getanzt werden. Damit befassen sich die Aufgaben auf dem Schüler-Arbeitsblatt. Der Rock 'n' Roll-Grundschritt umfasst sechs Viertelschläge, so dass zwei Schrittfolgen drei Takten entsprechen. Wenn eine Figur eingebaut wurde, zählt sich das Tanzpaar ein und beginnt erneut mit dem Grundschritt.

Weiterführung und Vertiefung

Von mehreren Stars der Country- bzw. Rock 'n' Roll-Ära existieren filmische Biografien auf DVD, z. B. von Johnny Cash (*Walk The Line*), Buddy Holly (*The Buddy Holly Story*) und Ritchie Valens (*La Bamba*). Auch eine Reihe von Spielfilmen widmen sich dem Lebensgefühl der Jugendlichen in dieser Zeit, wie z. B. *Quadrophenia* oder *Saat der Gewalt*.

Weitere Rock 'n' Roll-Stücke, die sich gut singen und untersuchen lassen, sind z. B. *Don't Be Cruel* oder *Hound Dog* von Elvis Presley und *See You Later Alligator* von Bill Haley. Auch ein Vergleich mit dem Klavierstil „Boogie Woogie" bietet sich in dieser Einheit an.

Rock 'n' Roll-Pattern

Hörbeispiele auf der CD

15 Rock Around The Clock – Ausschnitt
(Bill Haley & The Comets)
16 Rock Around The Clock – Playback mit Melodie
17 Rock Around The Clock – Halbplayback

Kopiervorlage

Rock 'n' Roll

Anfang der 50er Jahre versuchten Bill Haley und seine Band den schwarzen Musikstil Rhythm & Blues und die Country-Musik der weißen Bevölkerung zu verbinden. 1954 nahmen sie *Rock Around The Clock* in New York auf Schallplatte auf und landeten damit einen Welterfolg. Der neu entstandene Musikstil wurde „Rock 'n' Roll" genannt und brachte Superstars wie Elvis Presley und Buddy Holly hervor.

Bill Haley & The Comets bei einem Fernsehauftritt 1954

Der Rock 'n' Roll zeichnet sich aus durch

- den „rollenden" Bass (Walking Bass),
- die Verwendung von Riffs (kurze, prägnante, sich wiederholende Tonfolgen),
- die ternäre Betonung. D. h. zwei Achtelnoten werden so gespielt, dass die vordere Note doppelt so lang ist wie die hintere,
- den harten Backbeat im Schlagzeug, d. h. es werden die Zählzeiten „2" und „4" (Backbeat) stark betont,
- die Verwendung des Blues-Schemas für die Harmonien,
- die Band-Besetzung Gitarre, Kontrabass, Schlagzeug und eventuell weitere Soloinstrumente wie z. B. Saxofon.

Typischer Rock 'n' Roll Drumbeat

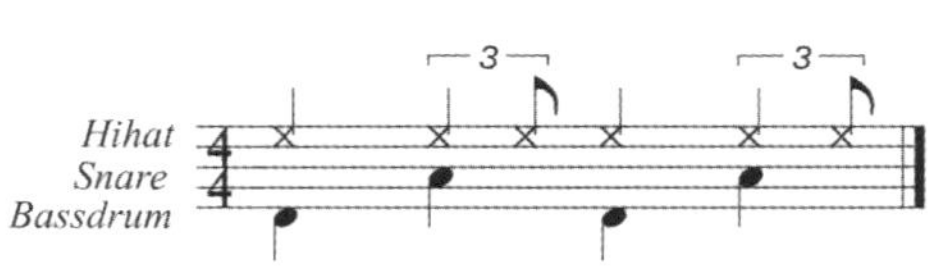

Zum Rock 'n' Roll gehört auch ein entsprechender Tanz, dessen wesentliche Merkmale kleine akrobatische Einlagen sind. Mit diesem neuen Musik- und Tanzstil grenzten sich Jugendliche bewusst von der älteren Generation ab, die von der (ihrer Ansicht nach) zügellosen Musik und dem Aufbegehren der Jugendlichen wenig begeistert war.

Kopiervorlage

Rock 'n' Roll tanzen

Übt den Grundschritt des Rock 'n' Roll – allein oder mit Partner.

Grundschritt

Zählzeit	Stichwort	Schrittfolge Mann	Schrittfolge Frau
1	Rück	linker Fuß Schritt zurück	rechter Fuß Schritt zurück
2	Platz	rechten Fuß am Platz absetzen	linken Fuß am Platz absetzen
3	Kick	Kick mit linkem Fuß	Kick mit rechtem Fuß
4	Platz	linken Fuß absetzen	rechten Fuß absetzen
5	Kick	Kick mit rechtem Fuß	Kick mit linkem Fuß
6	Platz	rechten Fuß absetzen	linken Fuß absetzen

Bei jedem Schritt wird in den Knien gefedert.
Nach sechs Zählzeiten beginnt die Abfolge von vorn. Der Verschiebungseffekt ist beabsichtigt.

Sucht euch einen Tanzpartner. Baut in euren Tanz eine oder mehrere der abgebildeten Figuren ein und versucht auch eigene zu erfinden.

Tanzfiguren

A) Grundstellung

B) Kick und Grätsche

C) Eindrehen

D) Durchzieher

E) Nebeneinander tanzen

F) Cross over

BW: c, d, e, f, g, a

Rock Around The Clock

HB 16-17

Text u. Musik: Jimmy DeKnight, Max C. Freedman
Arr.: Petra Hügel

F 7 (D7)
rock a - round the clock to - night, we're gon - na
C (A)
rock, rock, rock 'til the broad day - light, we're gon - na
Xyl, BW
Bass
Dr
Pi
G 7 (E 7)
rock gon - na rock a - round the clock to - night.
F (D)
1 C (A)
When the
2 C (A)
C 7 (A7)
night.
F (D)
Fis 7 (Dis7)
G (E)
C (A)
C 7 (A7)

Beat und Rock

Die Rolling Stones 2008 im Film „Shine A Light"

Anfang der 60er Jahre waren die Ausgangsbedingungen für Jugendliche in englischen Städten wie z. B. Liverpool denkbar schlecht. Die Wirtschaftslage war miserabel und die Arbeitslosigkeit hoch. Viele Jugendliche nutzten die unfreiwillige Freizeit auf ihre Weise. Sie gründeten eine Band und spielten sich den Frust von der Seele. Die jungen Musiker griffen die Einflüsse des Rock 'n' Roll aus den USA auf und kombinierten sie mit dem in England weit verbreiteten Skiffle, einer volkstümlichen Weiterentwicklung des Blues mit einfachen, oft selbst gebauten Instrumenten wie Mundharmonika, Waschbrett, Teekistenbass und Banjo. Die neu entstandene Musikrichtung nannte man „Beat" oder auch „Mersey-Beat" nach dem Fluss Mersey, der durch Liverpool fließt.

Zu den innovativsten Gruppen der Beat-Ära gehörten die Beatles. Sie entwickelten schnell einen eigenen Stil und brachten viele Neuerungen ins Musikbusiness. Liedtexte wurden erstmals auf Plattencovern abgedruckt, Studio-Sessions zogen sich bei ihnen monatelang hin und sie experimentierten mit neuartigen Aufnahmetechniken, exotischen Instrumenten oder klassischen Sinfonie-Orchestern.

Das Jahr 1964 bezeichneten viele amerikanische Zeitungen als „das Jahr der britischen Invasion", weil englische Bands zu Tourneen nach Amerika kamen und Beatles-Alben wochenlang die US-LP-Bestsellerlisten anführten. Teilweise besetzten sie die ersten fünf Plätze der Single-Hitparade gleichzeitig. Auch die Rolling Stones hatten großen Erfolg in den USA. Die Single *Satisfaction* von 1965 war ihr erster Nummer-Eins-Hit in den US-Charts und gilt als die Geburtsstunde des Rock.

In den Vereinigten Staaten von Amerika wandten sich Anfang der 60er Jahre nach dem Abflauen des Rock 'n' Roll-Booms viele Musiker dem Folk zu. Ausgelöst vom Vietnam-Krieg suchten sie auch nach einer neuen musikalischen Ausdrucksform für anspruchsvolle, kritische Songtexte. Beeinflusst vom Rock tauschte Bob Dylan als einer der ersten Künstler Klampfe und Mundharmonika gegen E-Gitarre mit Band und sang seine Protestsongs zu Rock-Rhythmen. Er gilt daher als Begründer des „Folk-Rock". Viele seiner Songs wurden von Rockbands neu interpretiert. Oft wurden die Coverversionen bekannter als das Dylan-Original (z. B. *Mr. Tambourine Man* von den Byrds und *All Along The Watchtower* von Jimi Hendrix) Seinen bekanntesten Song *Blowin' In The Wind* findet man heute noch in zahlreichen Liederbüchern.

Im Laufe der Zeit entwickelte sich ein zunehmender Kunstanspruch der Rockmusik und auch die Songtexte machten einen erstaunlichen Reifungsprozess durch. Die Beatles veränderten ihr Aussehen und ihren Sound sehr stark. Das Stück *Get Back* gehört zu ihren letzten Aufnahmen. Es ist eine stilistische Rückbesinnung auf ihre Anfangszeit, in der sie Rock 'n' Roll und Rhythm & Blues gespielt hatten. Die Weiterentwicklung der Rockmusik führte zu einer Vielzahl verschiedener Stilarten. Der Rock wurde nicht mehr in erster Linie als Tanzmusik verstanden, sondern als ein neues Lebensgefühl, das die Werte der Elterngeneration in Frage stellte.

Methodik

Im Schülerarbeitsblatt werden wichtige Unterschiede zwischen den Gruppen The Beatles und The Rolling Stones herausgearbeitet. Das Gitarren-Riff von *Satisfaction* ist sehr auffällig und besteht nur aus der aufsteigenden und wieder absteigenden Tonfolge der Töne h, cis und d, wobei der tiefste und höchste Ton mehrfach wiederholt werden. Da die meisten Orff'schen Instrumente erst mit dem c beginnen, sollten die Schüler darauf hingewiesen werden, in der oberen Hälfte des Instruments zu beginnen.
Beim Arrangement von *Get Back* sollte man für die Schlagzeug-Akzente in Takt 4 und 16 möglichst ein Crash-Becken verwenden. Die mittlere Xylofonstimme wirkt durch die Versetzungs- und Auflösungszeichen im Refrain ziemlich schwierig und sollte vorher besprochen werden.

Weiterführung und Vertiefung

Als Weiterführung bieten sich weitere Stücke und diverse Videoaufnahmen (z. B. auf Youtube) der Beatles und Rolling Stones an. Beatles-Songs mit auffälligen und gut zu hörenden Riffs sind z. B. *I Feel Fine* oder *Day Tripper*. Darüber hinaus gibt es zahlreiche Spielfilme (z. B. *Help*), bei denen die Beatles als Darsteller mitgewirkt haben. Von *Satisfaction* und *Get Back* gibt es eine Vielzahl von Coverversionen, die mit den jeweiligen Originalen verglichen werden können. Auch der Film *School Of Rock* kann zur Vertiefung eingesetzt werden. Dort wird die Geschichte der Rockmusik mit ihrer Stilvielfalt aufgegriffen.

Hörbeispiele auf der CD

18 Get Back – Ausschnitt (The Beatles)
19 Get Back – Playback mit Melodie
20 Get Back – Halbplayback
21 Satisfaction – Ausschnitt (The Rolling Stones)

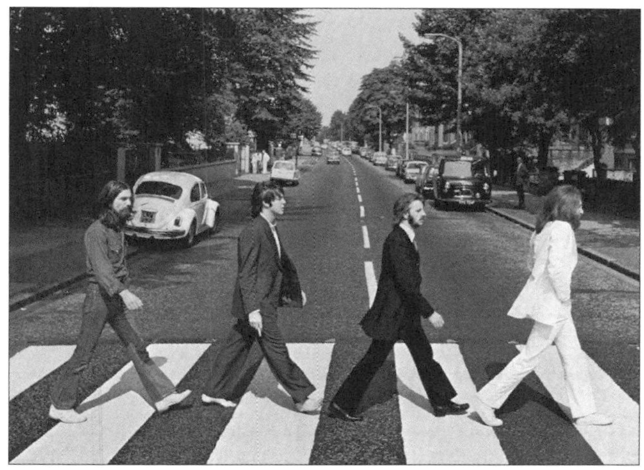

Das bekannteste Plattencover der Beatles: Abbey Road (1969).

Beat-Pattern

Rock-Pattern

Kopiervorlage

Beat und Rock

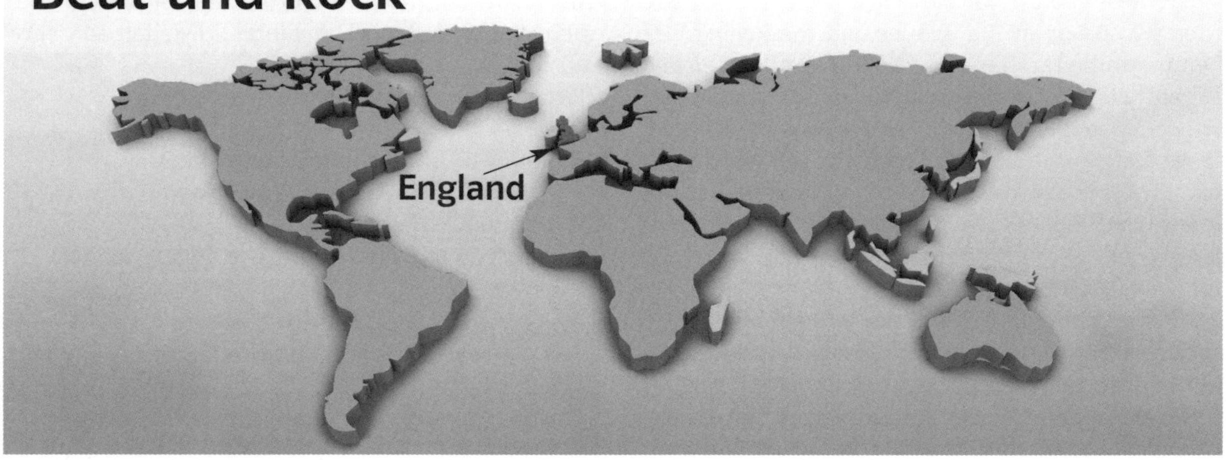

Aus dem amerikanischen Rock 'n' Roll und dem in England weit verbreiteten Skiffle entstand Anfang der 60er Jahre rund um die Industriestadt Liverpool der Beat. Als in der zweiten Hälfte der 60er Jahre die Beat-Bands zunehmend lauter und härter spielten, bezeichnete man ihre Musik als Rock.

Musikalisch weist der Rhythmus des Beat einen sehr regelmäßigen Grundschlag auf, der im Vergleich zum Rock 'n' Roll noch deutlicher betont wird und auch den Namen des neuen Musikstils prägte (englisch „to beat" = schlagen). Das Tempo ist im Gegensatz zum Rock 'n' Roll etwas langsamer und der Gesang wird oft mehrstimmig arrangiert. Akustische Gitarren und Kontrabass werden durch E-Gitarren und Elektrobass ersetzt. Bläser (z. B. das häufig im Rock 'n' Roll verwendete Saxofon) sowie der „Walking Bass" finden kaum noch Verwendung. Werden die Rhythmen beim Beat manchmal noch ternär gespielt, so sind es beim Rock gleichmäßige Achtel. Die Musik wirkt gleichförmiger und homogener als beim Rock 'n' Roll. Die Form entwickelte sich aus der vorwiegend einfachen Liedstruktur von Rock 'n' Roll und Beat hin zum vielschichtigeren Formablauf Intro – Refrain – Strophe – Bridge – Solo – Outro. Das Blues-Schema findet aber in teilweise variierter Form immer wieder Verwendung.

Als wichtigster Vertreter der Beat-Ära gilt die Gruppe The Beatles. Die vier charaktermäßig sehr unterschiedlichen jungen Musiker boten – aus einer Schülerband um John Lennon entstanden – eine gute Identifikationsmöglichkeit für viele Jugendliche. Die charmanten Sunny-Boys hatten das Image der netten Jungs von nebenan und traten in den ersten Jahren ihrer Karriere immer in Anzügen auf. Mit ihren eigenwilligen „Pilzkopf-Frisuren", die anfangs als sehr provokant empfunden wurden, waren sie ein Symbol für die Abgrenzung von der älteren Generation. Mit zunehmendem Bekanntheitsgrad stieg auch das Ausmaß der emotionalen Zuschaueräußerungen, so dass das Kreischen der Fans bei Konzerten nicht selten die Musik übertönte und eine regelrechte „Beatlemania" entstand. Durch ihre eingängigen Melodien und den harmoniegeprägten Sound, die Texte über Liebe, Alltagssorgen und Träume sowie den Einsatz von Orchesterinstrumenten wie Streichern legten sie den Grundstein für den Pop-Rock und die Pop-Balladen.

Eine Art Gegenpol zu den Beatles bildeten die Bandmitglieder der Rolling Stones. Sie trugen meist normale Straßenkleidung und ihnen haftete ein eher ungepflegtes Image als „Bad Boys" mit Alkohol- und Drogenkonsum an. Ihre Texte waren provokanter und handelten meist von Drogen, Sex und Gewalt. Der Sound war aggressiver und sie präsentierten sich in einer Art „Du kannst mich mal"-Haltung. Gerade dieses rebellische Verhalten machte sie aber auch für viele Jugendliche attraktiv. Aus ihrer Musik entwickelten sich die eher härteren Rock-Stile wie Hard-Rock, Punk und Heavy Metal.

Vergleicht die beiden Gruppen The Beatles und The Rolling Stones in der Tabelle unten. Geht dabei vor allem auf die Unterschiede in den Bereichen Aussehen/Image, Sound, Textinhalte und musikalische Weiterentwicklungen ein.

	The Beatles 	The Rolling Stones 
Aussehen/Image		
Sound		
Textinhalte		
Musikalische Weiterentwicklungen		

Auch in der Beat- und Rockmusik werden immer wieder Riffs (kurze, prägnante, sich wiederholende Tonfolgen) verwendet. Versucht, das Gitarren-Riff aus dem Song *Satisfaction* herauszuhören und auf einem Instrument nachzuspielen.

Get Back

HB 19-20

Text u. Musik: John Lennon, Paul McCartney,
Arr.: Petra Hügel

BW: d, e, f, fis, g, a, h, c'

loner = Einzelgänger
California grass = Marihuana

Soul und Disco-Sound

Die Spiegelkugel gehörte in den 70er und 80er Jahren in jede Disco

Soul (=Seele) entstand Anfang der 60er in den USA als Weiterentwicklung des Rhythm & Blues. Obwohl überwiegend eine reine Unterhaltungsmusik, war der Soul als rein schwarze Musik in dieser Zeit eng verknüpft mit der Bürgerrechtsbewegung gegen Rassentrennung und für Gleichberechtigung. Die Musik brachte das erstarkte Selbstbewusstsein der Schwarzen in Nordamerika zum Ausdruck, wie z. B. bei James Brown. Mit seinem Song *Say It Loud – I'm Black And I'm Proud* wurde er zum Idol der Black-Power-Bewegung. Weitere wichtige Wegbereiter des Souls sind Ray Charles, Sam & Dave, Wilson Pickett und – bis heute – Aretha Franklin (*Respect*).

Die afrikanischen Wurzeln der schwarzen Musik in Amerika sind dem Soul besonders stark anzumerken: Der Gesang folgt weniger einer Melodie, sondern ist eher gefühlt. Die Musik ist patternbasiert, d. h. ein wenige Takte umfassendes Basispattern trägt das gesamte Stück. Die Stimme gibt alle Gefühlsregungen unmittelbar und ungefiltert wieder. Auch das alte call and response-Prinzip schimmert oft durch. In den 70er Jahren ebbte die politische Bedeutung des Soul etwas ab, dafür traten Unterhaltungsaspekte und Tanzbarkeit mehr in den Vordergrund. Die Stücke wurden länger, der Gesang perkussiv und von improvisierten Wortfetzen dominiert, der Rhythmus geprägt von durchlaufenden Viertelbeats der Bassdrum und einer sich ständig öffnenden und schließenden Hihat. Das war der Beginn des „Funk".

Da der Soul von der weißen Bevölkerung kaum zur Kenntnis genommen wurde, entwickelte man in der Stadt Philadelphia den weichen, mit Streicherklängen opulent arrangierten, „Phillysound", der – obwohl von Schwarzen produziert und interpretiert – dem Geschmack der Weißen sehr nahe kam. Zu den prominentesten Vertretern des Phillysounds gehören The Three Degrees, Lou Rawls, Barry White und Isaac Hayes.

Die Ende der 60er Jahre immer populärer werdenden Discotheken spielten nach und nach immer mehr Soul, Funk und Phillysound. Aus diesen Anfängen wurde unter dem Einfluss technischer Neuerungen wie Synthesizer und Drumcomputer und einer zunehmenden Kommerzialisierung ein eigener Musikstil, der als „Disco" bezeichnet wird und dessen Disco-Beat sich später in fast alle Genres ausgebreitet hat. Daher gibt es auch unzählige Vertreter des Stils, von denen aber nur wenige auch nach der Discowelle weiter erfolgreich waren. Einige herausragende Interpreten und Gruppen sind Donna Summer, die Bee Gees und Boney M. Aus der damals schon aufkeimenden DJ-Kultur entwickelte sich später der HipHop.

Methodik

Durch die Schreibaufgabe auf dem Schülerarbeitsblatt wird der Inhalt nochmals gefestigt, weil die wichtigsten Begriffe des Kapitels in die richtige Reihenfolge und den richtigen Kontext gebracht werden müssen. *Stayin' Alive*, das Arrangement dieses Kapitels, stammt aus dem Kult-Tanzfilm der 1970er *Saturday Night Fever*.

Weiterführung und Vertiefung

Eine empfehlenswerte Vertiefung zum Thema Soul ist der Film *Blues Brothers*, in dem alle Soul-Stars von James Brown über Ray Charles bis zu Aretha Franklin auftreten. Die Musik ist mitreißend eingespielt und in eine humorvolle Handlung verpackt.

Die biografische Verfilmung *Ray* ermöglicht einen tiefen Einblick in das Leben der Soul-Legende Ray Charles. Um in das Lebensgefühl der Disco-Ära zu seiner Hochzeit Ende der 1970er Jahre einzutauchen, bietet sich der Film *Saturday Night Fever* an. (Achtung: Da der Film Sex-Szenen enthält, sollten nur zuvor festgelegte Ausschnitte gezeigt werden.)

Hörbeispiele auf der CD

22 Sex Machine – Ausschnitt (James Brown)
23 Stayin' Alive – Ausschnitt (The Bee Gees)
24 Stayin' Alive – Playback mit Melodie
25 Stayin' Alive – Halbplayback

Disco-Pattern

Soul-Pattern

Kopiervorlage

Soul und Disco-Sound

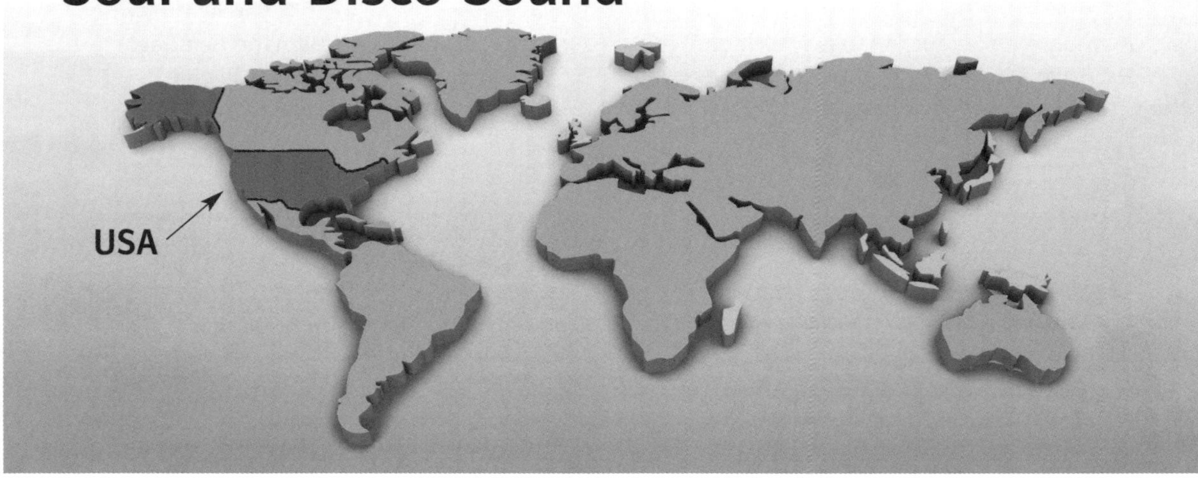

Aus Rhythm & Blues und Gospel entwickelte sich Anfang der 60er Jahre unter der farbigen Bevölkerung Amerikas der „Soul“ (= Seele). Mit diesem neuen, emotionalen Stil und Liedtexten wie *Say It Loud – I'm Black And I'm Proud* sangen die Schwarzen gegen die Rassentrennung an und zeigten ihr stärker werdendes Selbstbewusstsein und ihren Stolz schwarz zu sein.

Unter dem Einfluss von James Brown, der damals schon in Songs wie z. B. *Sex Machine* rap-ähnlich sang, entwickelte sich der Soul weiter zum „Funk“ und wurde mit Hilfe technischer Neuerungen wie Synthesizer und Drumcomputer schließlich zum Musikstil „Disco“.

Der Film *Saturday Night Fever* sorgte 1977 für eine weltweite Discowelle. Wie der Titelheld John Travolta aus dem Alltag auszubrechen und für eine Nacht ein Disco-Star zu sein, entsprach dem Wunsch vieler junger Menschen.

Kennzeichnende Merkmale für diese Musikform sind der monoton durchgehende Bass, das Schlagzeug mit durchgehender Bassdrum und dem in vielen Stücken typischen Achtelschlag der Hihat, die rhythmische Gitarre und das tanzbare Tempo von 120 bis 130 Schlägen pro Minute.

Die musikalische Form und das Arrangement der Stücke sind bewusst einfach gehalten, Texte und Melodien treten in den Hintergrund. Dafür kommt dem typischen Disco-Sound mit Streichern und Bläsern eine große Bedeutung zu. Auch der Disc Jockey (DJ) spielt eine wichtige Rolle. Er entscheidet mit der Musikauswahl und seiner Moderation, ob es ein gelungener Abend wird.

Sucht die 10 senkrecht, waagrecht und diagonal versteckten Begriffe heraus und beschreibt unter Verwendung der gefundenen Wörter die Entwicklung vom Soul zum Disco-Sound.

B	Y	T	K	L	R	I	J	R	S	A	B	P	Z	P	J	X
U	R	Z	C	M	H	H	A	D	Q	F	K	N	E	M	L	I
H	M	I	J	N	Y	G	M	T	J	N	M	X	Y	D	W	Z
S	E	L	B	S	T	B	E	W	U	S	S	T	S	E	I	N
G	R	K	L	E	H	E	S	F	W	J	O	O	Q	E	Q	D
F	K	X	B	T	M	F	B	I	V	E	C	P	U	G	T	H
V	M	M	R	D	&	D	R	U	N	S	K	H	K	L	C	F
Q	A	R	S	D	B	B	O	L	I	K	V	D	L	P	B	S
W	L	O	F	S	L	G	W	D	K	G	N	M	J	M	A	L
R	E	A	B	C	U	A	N	K	A	K	O	Q	U	A	I	T
X	R	A	S	S	E	N	T	R	E	N	N	U	N	G	F	W
B	Y	C	G	O	S	P	E	L	U	Z	V	D	Y	A	E	C

Bringt mit Hilfe der Bildergeschichte die Handlungsteile in die richtige Reihenfolge, indem ihr die Zahlen 1 bis 8 entsprechend eintragt.

Saturday Night Fever

Illustr.: Claudia Siegel

○ Dort ist Tony der King der Tanzfläche. Er wird von allen als Idol verehrt.

○ Tony fährt stundenlang mit der S-Bahn durch die Gegend und denkt über sich und sein Leben nach.

○ Irgendwann steht er bei Stephanie vor der Tür. Beide sprechen sich aus und beschließen, jenseits von Brooklyn ein neues Leben zu beginnen.

○ Jeden Samstagabend stylt er sich stundenlang und sucht mit seinen Freunden Abwechslung vom öden Alltag in einer Disco.

○ Nach einem Streit mit Stephanie verlässt Tony mit seinen Freunden die Disco. Sie fahren mit dem Auto durch die Gegend und halten bei einer Brücke. Schon oft sind sie auf dem Geländer balanciert. Dieses Mal aber stürzt einer der Freunde von der Brüstung in die Tiefe. Da er große Probleme hatte, bleibt unklar, ob es ein Unfall oder Selbstmord war.

○ Obwohl alle das Gegenteil behaupten, merkt Tony genau, dass sie die Auszeichnung zu Unrecht bekommen haben und gibt den Preis an ein puertoricanisches Tanzpaar weiter, das den Sieg eigentlich verdient gehabt hätte.

○ Der 19-jährige Tony Manero arbeitet in einem Farbengeschäft in Brooklyn. Zu Hause gibt es ständig Ärger, weil ihn seine Eltern immer nur kritisieren und die Situation mit seinem arbeitslosen Vater sehr schwierig ist.

○ Eines Tages lernt er Stephanie kennen und fragt sie, ob sie mit ihm am Tanzwettbewerb ihrer Stammdisco teilnehmen würde. Sie hält ihn für oberflächlich und will eigentlich mit solchen Typen nichts zu tun haben, sagt dann aber zu und die beiden gewinnen den Wettbewerb.

Stayin' Alive

HB 24-25

Text u. Musik:: Barry Gibb, Maurice Gibb, Robin Gibb
Arr.: Petra Hügel

Em7 D Em Hm7 Em7
stay-in' a-live.
Keyb, Met
Bass
Dr
Pi
A7 Em7
Life go-in' no-where. Some-bod-y help me. Some-bod-y help me, yeah.
Keyb, Met
Bass
Dr
Pi
A7 Em7 D Em
Life go-in' no-where. Some-bod-y help me. I'm stay-in' a-live.
Keyb, Met
Bass
Dr
Pi

Pop

Michael Jacksons Stern auf dem Hollywood Walk of Fame in Los Angeles

Popmusik beinhaltet in seiner weitesten Definition alle Arten von Unterhaltungsmusik, die durch Massenmedien verbreitet wird und einen bestimmten Verbreitungsgrad erreicht. Der Begriff Pop entstand in den 60er Jahren als Bezeichnung der damals neuen Kunstrichtung „Popart", zu deren berühmtesten Vertretern Andy Warhol und Roy Lichtenstein gehören. Viele Musiker waren entweder Teil dieser Kunstszene oder fühlten sich dazu hingezogen. Mit zunehmender Verbreitung der Rockmusik weitete sich auch der Begriff Pop immer mehr aus und veränderte seine Bedeutung zu einer Abkürzung für Popular Music. So ist das Haupt-Erscheinungsmerkmal weniger ein künstlerisches als ein wirtschaftliches.

Damit eine Musik hitverdächtig und massentauglich wird, sind bestimmte musikalische Rahmenbedingungen notwendig. Dazu gehören ein moderates Tempo, ein möglichst markanter und ostinater Drumbeat, in der Regel binäre Achtel oder Sechzehntel, eine sehr eingängige Refrain-Melodie und ein liedähnlicher Formaufbau.

In den 80er Jahren wurde es üblich, zu den Songs auch passende Videos zu produzieren. Wie bei einem Werbespot wird dort mit passenden und möglichst ungewöhnlichen und überzeugenden Bildern für den Künstler und das „Produkt" geworben. Spätestens mit dem Start des Musiksenders MTV (einem Fernsehkanal für Musikvideos) gab es kaum mehr bedeutende Pop-Songs ohne Video.

Zu den bekanntesten Popmusikern gehören Madonna (geb. 1958) und Michael Jackson (1958–2009), die durch ihre jahrzehntelange Präsenz nicht nur kommerziellen Erfolg hatten, sondern das gesamte Musikbusiness beeinflusst haben. Sie sind hier in Form von Song-Arrangement (Madonna) und Pop-Biografie (Michael Jackson) vertreten.

Methodik und Weiterführung

Durch die Auswahl zwischen falschen und richtigen Aussagen über die Popmusik setzen sich die Schüler mit der Person von Michael Jackson und der Stilrichtung Pop auseinander. Als Arrangement wurde *La Isla Bonita* von Madonna ausgewählt.

In diesem Kapitel bietet es sich an, den Bereich „Musikvideos" näher zu beleuchten. Ausgehend von der Analyse eines Songtextes und des zugehörigen Videos (z. B. bei Youtube) kann man über die Video-Herstellung (z. B. *The Making Of Michael Jackson's Thriller*) bis hin zur Produktion eines Videos zu einem fertigen oder eigenen Song (z. B. mit MAGIX Music Maker) gelangen.

Hörbeispiele auf der CD

26 Beat It – Ausschnitt (Michael Jackson)
27 La Isla Bonita – Ausschnitt (Madonna)
28 La Isla Bonita – Playback mit Melodie
29 La Isla Bonita – Halbplayback

Pop-Pattern

Pop

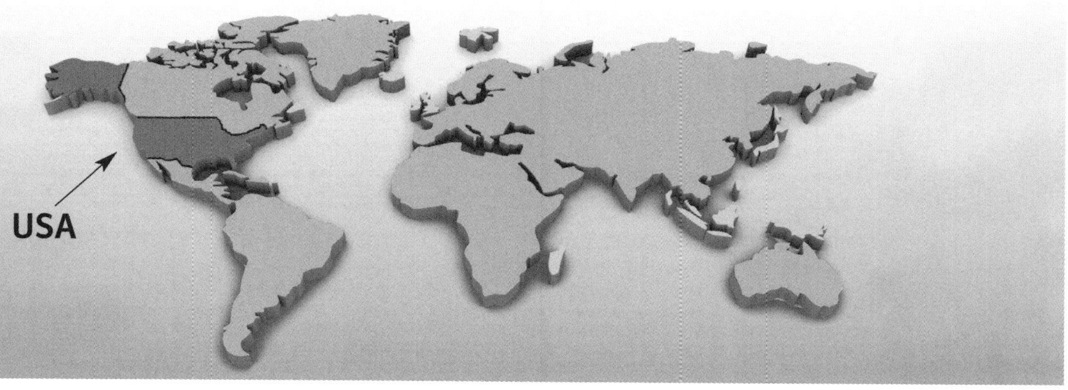

Popmusik wird häufig mit „populärer Musik" gleichgesetzt, bezeichnet aber im eigentlichen Sinne eine Musikform, die in den 60er Jahren aus dem Rock 'n' Roll, der Beatmusik und dem Folk entstand. Als größter Popstar und Videokünstler der 80er Jahre gilt Michael Jackson.

Von 1988 bis 2005 lebte Michael Jackson auf der 28 Millionen US-Dollar teuren Neverland Ranch im Santa Ynez Valley in Kalifornien. Der Name „Neverland" steht für die Heimat von Peter Pan, einer Fantasiefigur, die niemals erwachsen wird.

Michael Jacksons 1982 erschienenes Musikalbum *Thriller* führte monatelang die Charts an. Insgesamt wurden aus dem Album sieben Titel (z. B. *Thriller*, *Beat It*, *Billy Jean*) als Single ausgekoppelt und mit spektakulären Videos beworben. Alle Singleauskopplungen schafften es in die Top Ten der US-Charts. Das Video von *Thriller* mit 18 Minuten Länge gilt als Meilenstein in der Geschichte der Musikvideos und kann als eigenständiger Film bezeichnet werden. Unter dem Titel *The Making Of Michael Jackson's Thriller* wurde es auch auf Videokassette veröffentlicht und zeigt einen Blick hinter die Kulissen der Videoproduktion.

Häufig auftretende Merkmale der Popmusik sind vor allem einfache Harmoniefolgen, leicht nachsingbare Melodien und durchgehende, nicht sehr komplexe Rhythmen. Auch der klassische Liedaufbau aus Strophe und Refrain tritt in vielen Fällen auf.

Seit den 1980er Jahren hat die digitale Audiotechnik die Art der Musikproduktion und den Klangcharakter der Musik stark verändert. Das betraf besonders die trendorientierte Popmusik. Hier wird es auch in Zukunft die stärksten Veränderungen geben. Die zahlreichen Verbreitungsmöglichkeiten im Internet haben zu neuen Verkaufswegen geführt und den mp3-Player zum wichtigsten Abspielgerät werden lassen.

Unter jeder Nummer findet ihr eine richtige und eine falsche Aussage über Popmusik. Streicht die falschen Aussagen und verbindet die übrigen Nummern der Reihe nach geradlinig.

Das Video des Titels *Thriller* …

(3) ist 18 Minuten lang.
(3) ist 1:18 Minuten lang.
(2) war ein Flop.
(2) erreichte Kultstatus.
(1) ist kein eigenständiger Film.
(1) kann als eigenständiger Film bezeichnet werden.

Pop entstand aus …

(7) Rock 'n' Roll, Beatmusik und Folk.
(7) Rock, Soul und Reggae.

Merkmale von Pop:

(11) einfache Harmoniefolgen
(11) schwere Harmoniefolgen
(12) leicht nachsingbare Melodien
(13) sehr komplexe Rhythmen
(12) lustige Texte
(13) nicht sehr komplexe Rhythmen

Michael Jackson galt in den 80er Jahren als der größte …

(6) Popstar.
(8) Videokünstler.
(6) Schauspieler.
(8) Comedian.

Zu den Singles von Michael Jackson gibt es aufwändig produzierte …

(4) Videos.
(4) CD-Cover.

Die Musikproduktion veränderte sich in den 80er Jahren …

(5) stark.
(5) kaum.

Die Veränderungen in der Musikproduktion liegen an den …

(9) digitalen Neuerungen.
(9) neuen Tonleitern.

Der klassische Liedaufbau besteht aus …

(10) Strophe und Refrain.
(10) Intro und Outro.

La Isla Bonita

HB 28-29

Text u. Musik: Madonna, Pat Leonard, Bruce Gaitsch

Arr.: Petra Hügel

Gm(Em) Es(C) F(D) Gm(Em) 1. Es(C) F(D)
I want to be where the sun warms the sky. When it's time for si - es - ta you can watch them go by.
Beau-ti - ful fa - ces, no cares in this world. Where a
Met
Bass
Dr
Pi
2. Gm(Em) Es (C) F(D) A (Fis) Dm(Hm) keine Akkorde
girl loves a boy and a boy loves a girl.
Dm (Hm) C (A) Dm (Hm) B (G) Dm (Hm) F (D) C (A)
Last night I dreamed of San Pe - dro. It all seems like yes-ter-day, not far a - way.
D. S. al Fine

Reggae

Peter Tosh (1944–1987), live (Foto: EMI)

Jamaika entwickelte sich ab dem 16. Jahrhundert zu einem bedeutenden Zentrum des Sklavenhandels. Während die Ureinwohner der Insel durch eingeschleppte Krankheiten und gewalttätige Übergriffe der Kolonialmächte nach und nach ausstarben, siedelten sich Nachfahren der verschleppten afrikanischen Sklaven dort an, die heute rund 90 Prozent der Bevölkerung ausmachen. Seit 1962 ist Jamaika von England unabhängig.

Vor dem Hintergrund sozialer Ungleichheiten zwischen schwarzen und weißen Inselbewohnern entwickelte sich die religiöse Rastafari-Bewegung, deren Name sich von Ras Tafari Makonnen, dem bürgerlichen Namen des äthiopischen Kaisers Haile Selassie (1892–1975), ableitet. Sie sieht ihr Ziel in der Befreiung der afrikanischstämmigen Bevölkerung von der weißen Vorherrschaft und der Rückkehr nach Afrika (oft mit dem biblischen „Zion" übersetzt). Die westliche Kultur wird als „Babylon" verdammt. Die meisten Anhänger der Bewegung verzichten auf Alkohol und Tabak, sehen aber im Konsum von Marihuana eine Möglichkeit zur Gottesnähe. Viele Rastafaris tragen „Dreadlocks", die umgangssprachlich auch oft als „Rastalocken" bezeichnet werden.

Eine Reggae-Band besteht meist aus einem Solosänger, einem kleinen Background-Chor, E-Gitarre, Keyboard, E-Bass, Schlagzeug und gelegentlich weiteren Perkussionsinstrumenten wie Congas und Bongos.

Von Jamaika aus hat sich der Reggae spätestens mit den Erfolgen von Bob Marley, Peter Tosh und Desmond Dekker zu einem der bedeutendsten Stile populärer Musik entwickelt und auch andere Musikrichtungen beeinflusst. Die ursprüngliche inhaltliche Botschaft ist dabei oft in den Hintergrund getreten. Auch musikalisch hat sich der Reggae im Vergleich zu seinen Ursprüngen in Jamaika verändert und dem internationalen Hörgeschmack angepasst.

Bob Marley (1945–1981), laut New York Times „einer der einflussreichsten Künstler in der zweiten Hälfte des 20. Jahrhunderts", wurde als früher Verfechter der Menschenrechte verehrt und war gleichzeitig ein internationaler Star. Zeit seines Lebens blieb der Widerspruch zwischen seiner „schwarzen Songbotschaft" und jamaikanischen Verwurzelung und dem Erfolg als internationaler Künstler bei der vorwiegend „weißen Fangemeinde" bestehen. 1981 starb er mit 36 Jahren an Krebs. Einer seiner bekanntesten Songs ist *No Woman No Cry*, was so viel wie „Nein, Frau, weine nicht" bedeutet und oft falsch übersetzt wird. Dabei handelt es sich um einen Protestsong gegen das Vorgehen der Regierung von Jamaika. Sie hatte bei der Zuweisung neuer Häuser nach einer Naturkatastrophe keinerlei Rücksicht auf Familienbindungen und sonstige soziale Strukturen genommen. In *Mama Africa* besingt Peter Tosh die Schönheit und den Reichtum Afrikas sowie den Schmerz, von der Heimat seiner Vorfahren abgeschnitten zu sein.

Als der erste eigentliche Welthit des Reggae gilt der 1968 eingespielte Song *The Israelites* von Desmond Dekker. Schon früh begannen die DJs auf Jamaika den Reggae mit sogenannten „Sound Systems" (mobilen Musikanlagen auf LKW-Ladeflächen) zu verbreiten und zu Playbacks, sogenannten Dub-Versions, eine Art Rap zu vollführen. Dieses sogenannte „Toasting" oder „Dubbing" war der Grundstein für den Hip-Hop in New York. Auch aktuelle Popsongs beinhalten immer wieder Reggae-Elemente. Vom Reggae und der Popmusik inspiriert entwickelte sich in den 1970er und 1980er Jahren auch die populäre Musikströmung „New Wave" mit ihrer deutschsprachigen Variante „Neue deutsche Welle".

Methodik

Die Arbeitsangebote in diesem Kapitel beziehen sich auf Bob Marley und Peter Tosh. Das Arbeitsblatt in Form eines Internetforums soll die Schüler motivieren, sich mit dem englischen Text zu befassen und die Fragen entsprechend zu beantworten. Für jüngere Schüler befindet sich im Lösungsteil eine deutsche Übersetzung des „Forum"-Textes. Beim Arrangement *Mama Africa* sollten weitere Rhythmusstimmen aus dem Reggae-Pattern (z. B. Congas, Bongos und Klanghölzer) hinzugefügt werden, um einen möglichst stiltypischen Sound zu erreichen.

Weiterführung und Vertiefung

Sehr empfehlenswert zur Vertiefung des Themas ist die DVD *Rebel Music*, die sowohl einen Einblick in das Leben von Bob Marley als auch in den Musikstil Reggae zeigt. Da über Marley als Kultfigur zahlreiche Materialien (z. B. im Internet) zur Verfügung stehen, könnte man auch Präsentationen zu diesem schülernahen Thema erstellen lassen. Es gibt zahlreiche Coverversionen von *No Woman No Cry* (z. B. von Jimmy Cliff, Boney M. und Sean Kingston), deren musikalische Gemeinsamkeiten und Unterschiede man im Unterricht behandeln kann.

Darüber hinaus lohnt es sich, in aktuellen Songs nach Reggae-Einflüssen zu suchen und auch die Veränderung von Reggae-Texten im Laufe der Zeit etwas genauer zu untersuchen.

Der direkte Übergang vom Reggae zum New Wave lässt sich sehr gut an der englischen New-Wave-Gruppe The Police aufzeigen, die sich zumindest anfangs vom Reggae inspirieren ließ.

Hörbeispiele auf der CD

30 No Woman No Cry – Ausschnitt (Bob Marley)
31 Mama Africa – Ausschnitt (Peter Tosh)
32 Mama Africa – Playback mit Melodie
33 Mama Africa – Halbplayback

Reggae-Pattern

Kopiervorlage

Reggae

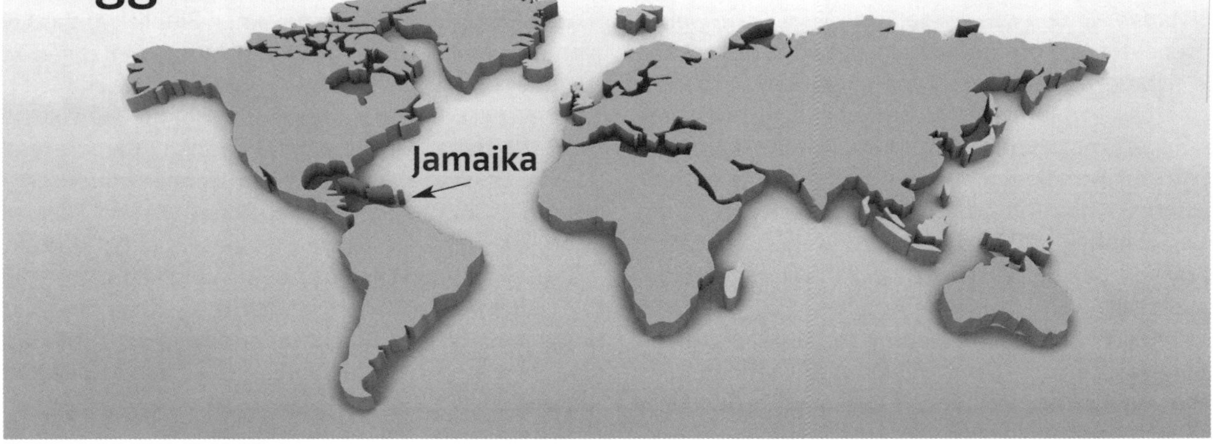

Das soziale Ungleichgewicht zwischen der schwarzen und der weißen Bevölkerung Jamaikas und die zunehmende Ausbreitung der religiösen Rastafari-Bewegung führten Mitte der 1960er Jahre zur Entwicklung des Reggae als Ausdruck der Sozialkritik und Sprachrohr des Rastafari-Kults.

Reggae-Texte behandeln häufig politische und religiöse Themen oder deuten auf die afrikanischen Wurzeln der Jamaikaner hin. Aktuelle Reggae-Texte sind nicht selten gewaltverherrlichend oder sexuell orientiert. In der Regel stehen die Texte in jamaikanischem Patois (Englisch mit einheimischen Dialekten), verfügen über eine eigene Grammatik und beinhalten immer wieder Bibelzitate, afrikanische Worte und Ausdrücke der Rastafaris.

Musikalisch gesehen ist Reggae eine Mischung aus Rhythm & Blues, Soul und jamaikanischer Musiktradition. Zentrale musikalische Merkmale sind die starke Betonung der Zählzeiten 2 und 4 durch Schlagzeug, Gitarre und Keyboard, die fehlende Betonung auf der Zählzeit 1 und der ternäre Rhythmus. Weitere typische Merkmale des Reggae sind der einfache Aufbau des Songs sowie die häufige Verwendung von Molltonarten und pentatonischen Tonleitern. Gelegentlich finden auch die aus dem Soul und dem Rhythm & Blues entlehnten Blasinstrumente Posaune, Trompete und Saxofon Verwendung. Die afrikanischen Wurzeln lassen sich im call and response-Prinzip (Vorsänger/Nachsänger), der Vermeidung größerer Tonsprünge und der dauernden Wiederholung musikalischer Fragmente erkennen.

Wichtige Vertreter des Reggae sind Bob Marley & The Wailors, Peter Tosh, Jimmy Cliff, Desmond Dekker, Black Uhuru und UB 40.

Bob Marley auf einem Konzert 1980 *Foto: Ueli Frey*

Pentatonische Tonleiter

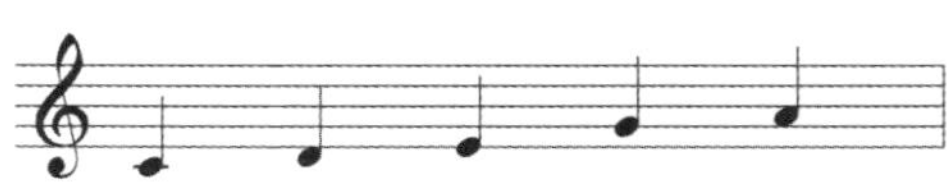

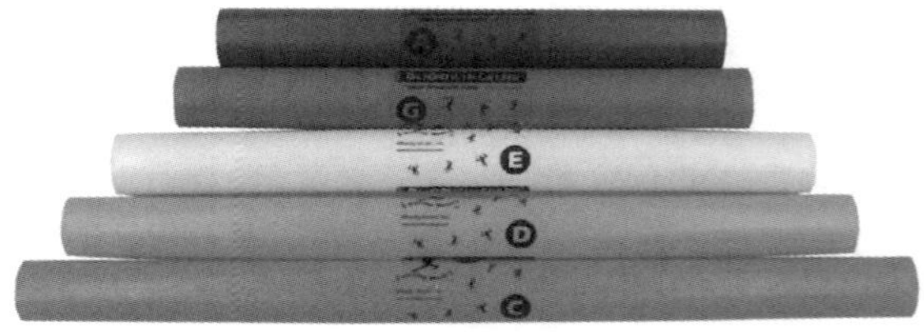

Pentatonisch gereihte Boomwhackers®

In einem englischen Musikforum entdeckt ihr folgende Unterhaltung über Bob Marley und seine Songs. Lest die Aussagen genau durch und beantwortet die Fragen im Anschluss.

11.7.09 8:18 Music-Mouse (Member)	Hi there, yesterday I listened to an absolutely cool reggae by Bob Marley, „No woman no cry". Any idea about the meaning of this title? No woman – no trouble? He doesn't mean it, does he?
11.7.09 17:54 Shorty (Member)	Hello Miss Music-Mouse, don't worry, the title means sth else … „NWNC" is Jamaican Creole and means "No, woman, don't cry". It's a protest song against the conduct of the government having separated families after a natural disaster. Bob Marley tells the woman, that she doesn't need to cry and everything is going to be alright again.
12.7.09 8:33 Music-Mouse (Member)	Thanks @ Shorty. Well, that's great!!! Suddenly there's a completely new meaning. After such an exciting result I really feel like looking at some more song texts.
14.7.09 23:45 Dummy (Guest)	Well, you swots … have you finished your discussion about the theory of music?
15.7.09 14:34 Marley-Fan (Member)	@ Dummy: What about this silly remark? I think now and again we should think about the texts of songs. @ Music-Mouse: Look at the texts of „Them Belly Full But We Hungry" and „War". Marley tells us in these songs that black people are still treated unrighteously and that there will be war as long as there will be first class people and second class people. In „Get Up Stand Up" Bob appeals to them to fight for their rights.
19.7.09 18:17 Otherone (Guest)	Hey Mister Super-Clever-Marley-Fan. Here's some more work for you … Is it right that reggae finally led to the development of Hip-Hop and that Bob Marley died at the beginning of the 80s?
20.7.09 8:14 Marley-Fan (Member)	@ Otherone: That's it! In Jamaica the „Deejays" often made their comments while playing reggae. This so-called „toasting" led to Hip-Hop later on and Bob Marley indeed died of cancer in 1981 with only 36 years. To me he is and always will be the greatest reggae superstar because through his songs he is still spreading the message of the rastafari movement around the whole world. Well, it's time to leave as there's some more work waiting for the „professor of music" ;-)

conduct = Vorgehen / swot = Streber / now and again = hin und wieder / them belly = ihre Bäuche / to treat unrighteously = ungerecht behandeln / to appeal = appellieren / cancer = Krebs / to spread = ausbreiten.

1) Was bedeutet der Titel *No Woman No Cry*? Worum geht es in dem Song?

2) Was beschreibt Bob Marley in den Liedern *Them Belly Full But We Hungry* und *War*?

3) Wieso kann man den Reggae als Vorläufer des Hip-Hop bezeichnen?

4) Warum sehen viele in Bob Marley einen der bedeutendsten Vertreter des Reggae?

Mama Africa

HB 32-33

Text u. Musik: Peter Tosh
Arr.: Petra Hügel

F (D) B (G) C (A) F (D) B (G) C (A)
They took me a - way from you Ma-ma Long be-fore I came on in.
Met
Bass
Dr
Pi
D. C. al 𝄌 - 𝄌 1
𝄌 1
Strophe
F (D) B (G) C (A) F (D) B (G) C (A)
Wdhlg. o. Mel.
In you there's so much beau - ty, in you there's so much life.
F (D) B (G) C (A) F (D) B (G) C (A)
In you there's so ma-ny king - doms, to me it's out of sight.
𝄌 2
F (D)
D. C. al 𝄌 - 𝄌 2
Fine

Hip-Hop

Eine Graffiti-Hauswand in Berlin

MC-ing ist der rhythmische Sprechgesang, den man auch als Rap bezeichnet (von MC = Master of Ceremony). Schon seit den 1960er Jahren sprachen DJs auf Jamaika ihre Moderation zu speziellen Playback-Versionen, sogenannten Dub-Versions. Dieser Vorläufer des Rap wird „Toasting" oder „Dubbing" genannt.
Auch bei James Brown tauchten schon Ende der 60er Jahre rap-ähnliche Elemente auf. Die eigentliche Rapmusik startete aber erst 1980 mit *Rappers Delight* von der Gruppe Sugarhill Gang. Mittlerweile gibt es zahlreiche verschiedene Ausprägungen des Rap. Rap-Texte sind in der Regel ausgesprochen individuelle Äußerungen des jeweiligen MC und deswegen auch nicht ohne Weiteres auf andere übertragbar. Sie greifen sowohl politische als auch soziale Themen auf oder berichten vom Leben, Lieben und Leiden. In einigen Rap-Stilen (z. B. „Gangsta-Rap") spielen Gewalt und Gewaltverherrlichung eine große Rolle. Auch der Begriff Master of Ceremony hat seine Wurzeln in der afrikanischen Kultur. In Westafrika gibt es die sogenannten Griots. Das sind Erzähler und Sänger, die sich mit Trommeln oder Saiteninstrumenten selbst begleiten und bei Festen oft die Funktion des Zeremonienmeisters übernehmen.

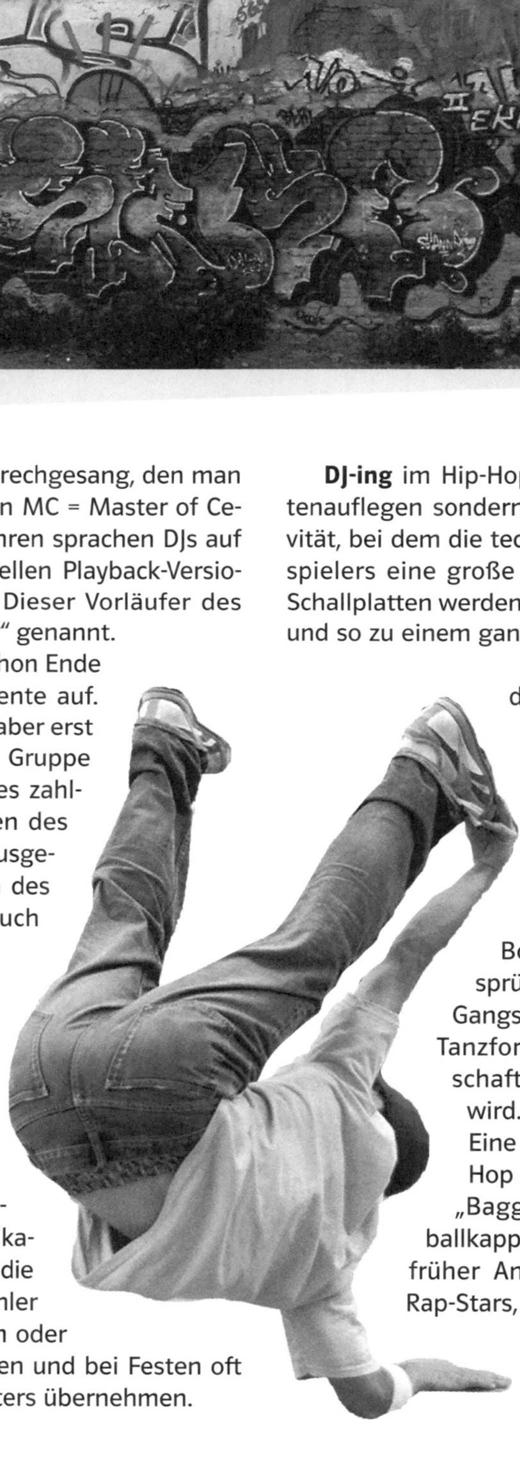

DJ-ing im Hip-Hop-Bereich ist nicht nur reines Plattenauflegen sondern ein Ausdruck der eigenen Kreativität, bei dem die technische Beherrschung des Plattenspielers eine große Rolle spielt. Fragmente von zwei Schallplatten werden kombiniert, mit Scratching ergänzt und so zu einem ganz neuen Beat zusammengefügt.

Unter **Writing** versteht man das in der Regel ungenehmigte Anbringen von Schriftzügen und Bildern mit Farbe oder anderen Mitteln auf Mauern, Gebäudeteilen und Verkehrsmitteln. Da dies als Sachbeschädigung gilt, wird es strafrechtlich verfolgt.

Breakdance (oft auch als „B-Boying" bezeichnet) entstand ursprünglich als Zeitvertreib von Straßen-Gangs. Inzwischen ist er eine anerkannte Tanzform, die quer durch alle Gesellschaftsschichten und Nationen getanzt wird.
Eine große Bedeutung spielt beim Hip-Hop auch die **Mode**. An den übergroßen „Baggy"-Jeans und umgedrehten Baseballkappen erkennt man bzw. erkannte man früher Anhänger der Hip-Hop-Kultur. Viele Rap-Stars, wie z. B. Jay-Z oder P-Diddy besitzen inzwischen eigene Mode-Labels.

Methodik

Während der Beatboxing-Experimentierphase sollten die entsprechenden Teile des Schlagzeugs für den Hörvergleich zur Verfügung gestellt werden. Die angegebenen Silben sind nur als erste Starthilfe gedacht. Oft gibt es auch unter den Schülern geübte Beatboxer. Klangbeispiele findet man unter dem Stichwort „Beatbox Anleitung" im Internet. Das Arrangement *Stayin' Alive Rap Remix* ist sehr ähnlich zum Originalarrangement des Disco-Titels *Stayin' Alive* aufgebaut. Den Raptext entwerfen die Schüler selbst. Das Gitarren-Schlagmuster kann aus dem Disco-Pattern entnommen werden.

Weiterführung und Vertiefung

Die Schüler können nach Abschluss des Kapitels aus verschiedenen anderen Stücken des Hefts Musikfragmente aussuchen, musizieren und so eigene Loops zu verschiedenen Raps erzeugen. Statt der Schlagzeugstimme können auch die neu erlernten Beatbox-Techniken eingesetzt werden. Für einen Einblick in die Hip-Hop-Kultur eignet sich der Film *8 Mile* mit Eminem in der Hauptrolle, der im Wesentlichen sich selbst spielt (Altersfreigabe ab 12). Mit dem Leben des Rappers 50 Cent beschäftigt sich *Get Rich Or Die Tryin'* (Altersfreigabe ab 16). Im Internet findet man (z. B. bei Youtube) unter den Stichwörtern „Bee Gees Stayin' Alive Remix" auch zahlreiche Rap Remix-Varianten von *Stayin' Alive* (z. B. mit 50 Cent oder den Beastie Boys).

Hörbeispiele auf der CD

34 Stayin' Alive Rap-Version – Ausschnitt (N-Trance)
35 Stayin' Alive Rap Remix – Playback mit Melodie
36 Stayin' Alive Rap Remix – Halbplayback

Hip-Hop-Pattern

Hip-Hop-Begleitpatterns sind sehr unterschiedlich, da dem rhythmischen Sprechgesang verschiedenartige Samples zu Grunde liegen. Dieses hier verwendet eine Umsetzung der Drum-Beats in Beatboxing (Umsetzung der Silben und Laute siehe Schülerarbeitsblatt):

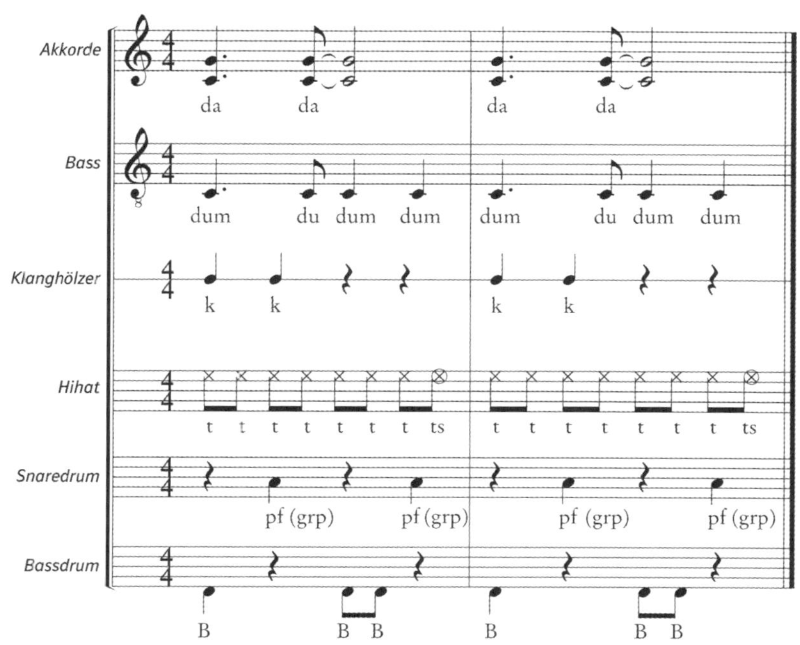

Kopiervorlage

Hip-Hop

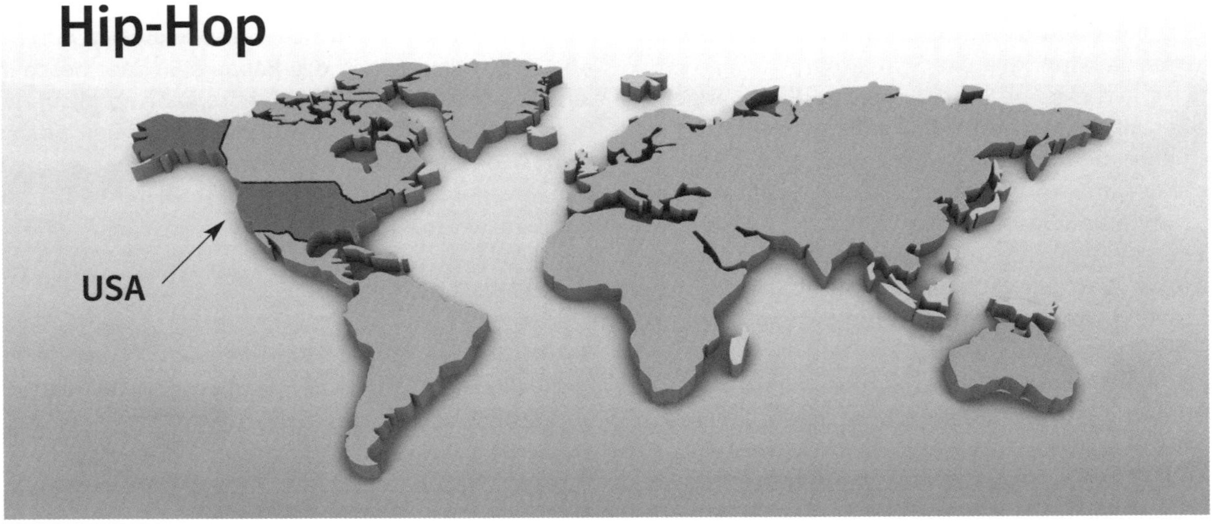

Während die meisten Jungendlichen noch zum Disco-Sound tanzten, entstanden Ende der 1970er Jahre im Norden von New York die Anfänge der Hip-Hop-Kultur, deren Wurzeln bis zur afrikanischen Musik zurückverfolgt werden können. Wie schon Rock 'n' Roll, Beat und Rock, war auch der Hip-Hop zunächst eine reine Jugendkultur und ein Zeichen der Rebellion gegen die ältere Generation. Breakdance, Writing, DJ-ing und Rappen spielen im Hip-Hop eine große Rolle. Einige bekannte Vertreter des Rap sind 50 Cent, Coolio, Eminem, die Beastie Boys und die Fantastischen Vier.

Musikalisch liegt dem Rap ein eher gemäßigtes Tempo von 75 bis 100 Schlägen pro Minute zu Grunde. Die Begleitung besteht meist aus nur einem einzigen Pattern, das ständig wiederholt wird. Während der Strophe spielen nur wenige Instrumente, damit der Text gut zu verstehen ist. Bei besonders wichtigen Aussagen pausieren manchmal auch alle Instrumente für kurze Zeit („Break") und der Rapper macht allein weiter.

Eine große Bedeutung haben im Rap die Wettbewerbe. Beim Battle-Rap kämpfen mehrere MCs gegeneinander um die Gunst des Publikums. Um den Wiedererkennungswert eines Rap-Songs zu steigern, werden in der Begleitung oft Fragmente bekannter Ohrwürmer als Loop (Schleife) eingespielt, was allerdings eine entsprechende Lizenz-Berechtigung voraussetzt. Nicht zuletzt deshalb verwenden viele Rapmusiker auch klassische Musik als Sample-Quelle, denn 70 Jahre nach dem Tod eines Komponisten erlischt das Urheberrecht.

Kopiervorlage

Beatboxing

Der richtige Schlagzeugrhythmus spielt beim Rappen eine große Rolle. Wer keinen Drumcomputer besaß, erzeugte die Rhythmen einfach mit dem Mund. Daraus hat sich eine eigene Kunst entwickelt – das „Beatboxing“.

Probiert, die Klänge des Schlagzeugs mit der Stimme nachzuahmen. Die angegebenen Silben dienen als erste Anregung. Versucht auch, alleine oder mit anderen zusammen einen Drumbeat aus gemischten Klängen zu erstellen.

Snare = **Pf** mit viel Druck durch die geschlossenen Lippen gepresst oder ein eingesaugtes **grp**.

Hihat mit Stick
= offener Klang: **ts**
= geschlossener Klang: **t**

Crash Becken
= **ksch**

Hihat mit Pedal
= **chck**, wie bei „chicken“.

Bassdrum = **B** mit viel Druck durch die geschlossenen Lippen gepresst.

Rappen

Klopft mit einem Radiergummi etwas schneller als im Sekundentakt auf die Tischplatte. Erfindet dazu einen rhythmischen Sprechgesang, der sich möglichst reimt und schreibt ihn passend auf die Linien über den „Klopf-Punkten“.

Euren Text könnt ihr zum *Stayin' Alive Rap Remix* rappen. Die erste Zeile wird insgesamt vier Mal gespielt. Benutzt den 1. Durchgang, um in den Grundrhythmus zu kommen und rappt beim 2. und 3. Mal. Wichtige Aussagen könnt ihr im 4. Durchgang und am Ende der 2. Zeile („Break“) wiederholen.

HB 35-36

Stayin' Alive Rap Remix

Lösungen

S. 11 – Afrikanische Musik: Individuelle Lösung

S. 15 – Samba: Lösungswort BRASILIA

S. 19 – Calypso: Die *Matilda*-Übersetzung

Refrain: Matilda, Matilda, Matilda, sie nimmt mein Geld und verschwindet nach Venezuela.

Strophen:
1. 500 Dollar, Freunde, hab ich verloren. Ich armer Mann musste sogar meinen Wagen und mein Pferd verkaufen.
2. (Nun) das Geld war, um mir ein Haus und Land zu kaufen; dann hatte sie einen schwerwiegenden Plan.
3. (Nun) das Geld war in meinem Bett, versteckt im Kissen unter meinem Kopf.
4. Nun, meine Freunde, ich werde nie wieder lieben, all mein Geld ist weg für nichts.

S. 25 – Blues: Blues-Tonleitern

in C: in F: in G:

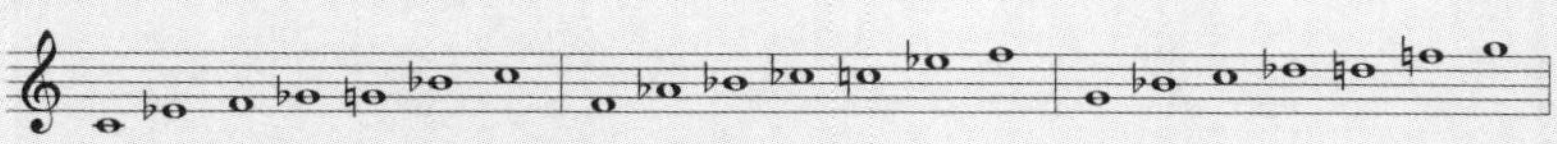

S. 37 – Beat und Rock:

	The Beatles	The Rolling Stones
Aussehen/Image	– Charmante „Sunny-Boys“, – „Jungs von nebenan“, – (i. d. ersten Jahren) Anzüge u. Pilzkopf-Frisuren	– Straßenkleidung, – „Bad Boys“ mit Alkohol- und Drogenkonsum. – „Du kannst mich mal“-Haltung.
Sound	– Eingängige Melodien, – harmoniegeprägter Sound, – Einsatz von Orchester-instrumenten wie Streichern	– Aggressiverer Sound
Textinhalte	Liebe, Alltagssorgen, Träume	Drogen, Sex und Gewalt
Musikalische Weiterentwicklungen	Pop-Rock und Pop-Balladen	Hard-Rock, Punk, Heavy Metal

S. 42 – Soul und Disco-Sound:

B	Y	T	K	L	R	I	J	R	S	A	B	P	Z	P	J	X
U	R	Z	C	M	H	H	A	D	Q	F	K	N	E	M	L	I
H	M	I	J	N	Y	G	M	T	J	N	M	X	Y	D	W	Z
S	E	L	B	S	T	B	E	W	U	S	S	T	S	E	I	N
G	R	K	L	E	H	E	S	F	W	J	O	O	Q	E	Q	D
F	K	X	B	T	M	F	B	I	V	E	C	P	U	G	T	H
V	M	M	R	D	&	D	R	U	N	S	K	H	K	L	C	F
Q	A	R	S	D	B	B	O	L	I	K	V	D	L	P	B	S
W	L	O	F	S	L	G	W	D	K	G	N	M	J	M	A	L
R	E	A	B	C	U	A	N	K	A	K	O	Q	U	A	I	T
X	R	A	S	S	E	N	T	R	E	N	N	U	N	G	F	W
B	Y	C	G	O	S	P	E	L	U	Z	V	D	Y	A	E	C

S. 43 – Textreihenfolge des Comics: G/D/A/H/F/E/B/C

S. 47 – Pop: Lösungswort POP

S. 53 – Reggae: Das Musikforum auf Deutsch

Music-Mouse: Hallo zusammen! Gestern habe ich einen total coolen Reggae gehört, *No Woman No Cry* von Bob Marley. Ich kapiere nur nicht, was dieser Titel bedeuten soll. Wenn du keine Frau hast, dann hast du auch keinen Ärger? Das darf ja wohl nicht wahr sein!

Shorty: Hi Miss Music-Mouse, keine Bange, der Text bedeutet etwas ganz anderes ... *No Woman No Cry* ist in jamaikanischem Kreolisch geschrieben und bedeutet soviel wie „No woman, don't cry“. Es ist ein Protestsong gegen das Verhalten der Regierung, die nach einer Naturkatastrophe einfach Familien getrennt hat. Bob Marley sagt der Frau, dass sie nicht zu weinen braucht und alles wieder in Ordnung kommen wird.

Music-Mouse: Thanks @ Shorty. Ach so ... das ist ja super!!! Plötzlich bedeutet es etwas ganz anderes. Da kriege ich ja gleich Lust, weitere Texte zu untersuchen.

Dummy: Na, ihr Streber ... habt ihr eure Diskussion über Musiktheorie bald beendet?

Marley-Fan: @ Dummy: Was soll denn dieser blöde Spruch? Ich finde, man sollte sich ruhig mal Gedanken über die Texte machen. @ Music-Mouse: Schau dir doch mal die Liedtexte von *Them Belly Full But We Hungry* und *War* an. Dort erzählt Marley, dass die Schwarzen immer noch ungerecht behandelt werden und es so lange Krieg geben wird, wie es immer noch Menschen erster und zweiter Klasse gibt. In *Get Up Stand Up* ruft Bob sie auf, für ihre Rechte zu kämpfen.

Otherone: Hey Mister-Super-Clever-Marley-Fan. Hier noch ein paar Aufgaben für dich: Stimmt es eigentlich, dass der Reggae zur Entwicklung des Hip-Hop geführt hat und Bob Marley schon Anfang der 1980er Jahre gestorben ist?

Marley-Fan: @Otherone. Stimmt genau. Auf Jamaika haben die „Deejays“ den Reggae oft kommentiert. Dieses „Toasting“ führte später zum Hip-Hop und Bob Marley ist tatsächlich 1981 mit nur 36 Jahren an Krebs gestorben. Für mich ist und bleibt er der absolute Reggae-Superstar, weil er mit seinen Songs die Botschaft der Rastafari-Bewegung immer noch auf der ganzen Welt verbreitet. Jetzt muss ich aber los, schließlich haben „Musikprofessoren“ auch noch was anderes zu tun ;-).

Antworten auf die Fragen:

1) *No, woman, don't cry*, also „Nein, Frau, weine nicht“. Es ist ein Protestsong gegen das Verhalten der Regierung, die nach einer Naturkatastrophe Familien getrennt hatte. Bob Marley sagt der Frau, dass sie nicht zu weinen braucht und alles wieder in Ordnung kommen wird.
2) Er beschreibt, dass die Schwarzen immer noch ungerecht behandelt werden und es so lange Krieg geben wird, wie es Menschen erster und zweiter Klasse gibt.
3) Auf Jamaika haben die „Deejays“ den Reggae oft kommentiert. Dieses „Toasting“ führte später zum Hip-Hop.
4) Weil er mit seinen Songs die Botschaft der Rastafari-Bewegung immer noch auf der ganzen Welt verbreitet.

Warmup-Songs

Barefoot Blues

HB 37

Musik: Petra Hügel

Runaway Rock 'n' Roll

HB 38

Musik: Petra Hügel

Bestseller Beat

HB 39

Musik: Petra Hügel

Road Rock

HB 40

Musik: Petra Hügel

Sunshine Soul

HB 41

Musik: Petra Hügel

D. C. al Fine, mit Wiederholung

Deep House Disco

HB 42

Musik: Petra Hügel

Party Pop

HB 43

Musik: Petra Hügel

Roots Reggae

HB 44

BW: c, d, e, f, g, a, b

Musik: Petra Hügel

D. C. al Fine, mit Wiederholung

Kopiervorlage

Das Abschluss-Spiel

für Gruppen von drei bis vier Teilnehmern

Ihr benötigt das Spielbrett (Rückseite vom Sammelposter), die vierzig Musikstil-Kärtchen (S. 71), einen Würfel und pro Teilnehmer eine Spielfigur (z. B. Stiftdeckel oder Radiergummi).

Vorbereitung: Stellt die Spielfiguren auf die vier Startfelder. Legt je ein Musikstil-Kärtchen verdeckt auf die 22 Musikstil-Felder. Von den übrigen Musikstil-Kärtchen erhalten alle vier Spieler jeweils drei Kärtchen, die sie offen an ihrem Platz auslegen. Bei nur drei Spielern erhält jeder vier Kärtchen. Die restlichen sechs Kärtchen werden vorgelesen und danach verdeckt auf die Joker-Felder gelegt.

Ein Quartett besteht jeweils aus vier Kärtchen (siehe S. 71) der folgenden Gattungen:

Name des Musikstils	*Name des Hörbeispiels*	Wichtige musikalische Merkmale	***Enstehungsort oder wichtiges Ereignis***

Ziel: Das Ziel des Spiels ist es, möglichst viele Quartette eines Musikstils zu sammeln.

Spielverlauf: Es wird reihum gewürfelt.

- Bei 1 muss man ein Kärtchen abgeben. Das Kärtchen wird vorgelesen und dann verdeckt auf eins der Joker-Felder gelegt.
- Bei 6 darf man sich ein Kärtchen von einem anderen Spieler aussuchen.
- Bei 3 erhält man ein Kärtchen seiner Wahl von den Joker-Feldern.
- Bei 2, 4 oder 5 muss man durch geschicktes Vorrücken entlang der Linienverbindungen versuchen, ein Kärtchen von einem der Musikstil-Felder zu ergattern.

Regeln:

- Wenn man sich die Standorte der Kärtchen auf den Joker-Feldern gut merkt, kann man sich (bei einer gewürfelten 3) gezielt Kärtchen aussuchen, die noch zum Quartett fehlen.
- Sollten die Joker-Felder einmal leer sein, darf der Spieler ein beliebiges Kärtchen von einem der Musikstil-Felder nehmen.
- Sind die Joker-Felder alle besetzt, wird außerhalb des Spielfelds ein Zusatzpool eingerichtet.
- Wer sich (bei einer gewürfelten 6) ein Kärtchen eines anderen Spielers aussuchen darf, kann entweder versuchen, damit ein eigenes Quartett komplett zu machen oder verhindern, dass der andere Spieler ein vollständiges Quartett bekommt.
- Jedes komplette Quartett wird (wenn die Richtigkeit durch die anderen Spieler oder den Lehrer bestätigt wurde) aus dem Spiel genommen.
  Der entsprechende Spieler erhält dafür einen Punkt.

Spielende: Sieger ist, wer nach einer festgelegten Zeit (z. B. am Ende der Schulstunde) die meisten Quartette gesammelt hat.

Afrikanische Musik	*Djerma Dundun Drummers*	Akkorde spielen eine untergeordnete Rolle	***Afrika***
Samba	*Samba de Janeiro*	Die Apito (Trillerpfeife) kündigt einzelne Teile an	***Südamerika (Brasilien)***
Calypso	*Banana Boat Song*	Verwendung von Steeldrums	***Karibikinseln / Trinidad und Tobago***
Blues	*Backwater Blues*	Bluenotes	***Nordamerika***
Rock 'n' Roll	*Rock Around The Clock*	Rollender Bass (Walking Bass)	***Aufnahme von „Rock Around The Clock" in New York***
Beat	*Get Back*	Sehr regelmäßiger, deutlich betonter Grundschlag	***England (Liverpool)***
Disco-Sound	*Stayin' Alive* (Original)	Typischer Disco-Sound mit Streichern u. Bläsern	***Film „Saturday Night Fever"***
Pop	*La Isla Bonita*	Leicht nachsingbare Melodien, einfache Rhythmen	***Massenmusik weltweit, Video-Kultur***
Reggae	*Mama Africa*	Fehlende Betonung auf Zählzeit 1	***Rastafari-Bewegung auf Jamaika***
Hip-Hop	*Stayin' Alive* (Rap-Version)	Rhythmischer Sprechgesang – „Rap"	***Ende der 1970er Jahre im Norden von New York***

CD-Inhalt

1 Djerma Dundun Drummers – Ausschnitt (Isah Hamani) ℗ 1976 Electra Asylum Nonesuch Records
2 Ayelevi – Playback mit Melodie
3 Ayelevi – Halbplayback
4 Samba de Janeiro – Ausschnitt (Bellini) ℗ 1997 Orbit Records
5 Samba de la escola – Playback mit Melodie
6 Samba de la escola – Halbplayback
7 Banana Boat Song – Ausschnitt (Harry Belafonte) ℗ Sony / BMG
8 Banana Boat Song – Playback mit Melodie
9 Banana Boat Song – Halbplayback
10 Banana Boat Song – call and response-Teil
11 Backwater Blues – Ausschnitt (Bessie Smith) ℗ 1923, 1997 Sony Music Entertainment
12 Backwater Blues – Playback mit Melodie
13 Backwater Blues (Variante A) – Halbplayback
14 Backwater Blues (Variante B) – Halbplayback
15 Rock Around The Clock – Ausschnitt (Bill Haley & The Comets) ℗ Ariola
16 Rock Around The Clock – Playback mit Melodie
17 Rock Around The Clock– Halbplayback
18 Get Back – Ausschnitt (The Beatles) ℗ 1988 EMI Records Ltd.
19 Get Back – Playback mit Melodie
20 Get Back – Halbplayback
21 (I can't get no) Satisfaction – Ausschnitt (The Rolling Stones) ℗ Decca
22 Sex Machine – Ausschnitt (James Brown) ℗ Ariola
23 Stayin' Alive –Ausschnitt (The Bee Gees) ℗ 2009 Rhino / Warner
24 Stayin' Alive – Playback mit Melodie
25 Stayin' Alive – Halbplayback
26 Beat It – Ausschnitt (Michael Jackson) ℗ 1982 MJJ Rec / Sony / Epic
27 La Isla Bonita – Ausschnitt (Madonna) ℗ 1990 Sire Records
28 La Isla Bonita – Playback mit Melodie
29 La Isla Bonita – Halbplayback
30 No Woman No Cry – Ausschnitt (Bob Marley) ℗ 2002 Universal Island Records
31 Mama Africa – Ausschnitt (Peter Tosh) ℗ 2002 EMI Records Ltd.
32 Mama Africa – Playback mit Melodie
33 Mama Africa – Halbplayback
34 Stayin' Alive Rap Version – Ausschnitt (N-Trance) ℗ 1995 AATW / Polystar
35 Stayin' Alive Rap Remix – Playback mit Melodie
36 Stayin' Alive Rap Remix – Halbplayback
37 Barefoot Blues
38 Runaway Rock 'n' Roll
39 Bestseller Beat
40 Road Rock
41 Sunshine Soul
42 Deep House Disco
43 Party Pop
44 Roots Reggae

Die Autorin

Petra Hügel ist Musiklehrerin an einer Realschule in Göppingen. Schon während ihres Studiums an der PH Ludwigsburg beschäftigte sie sich ausführlich mit verschiedenen Klassenmusizierkonzepten.
Nach dem zweiten Staatsexamen entwickelte sie die Konzeption *Kids Play Bells – Die „Glocken-Spiel"-Klasse.* Daraus entstand das Buch *Glocken-Spiel* (Mainz 2006).
Nach Publikationen in verschiedenen Musikzeitschriften erschien 2008 *Klassik mit der Klasse*, eine aktive Musizier-Reise durch die Epochen Barock, Klassik und Romantik.